菅又亮輔
果香滿溢的法式甜點

瑞昇文化

序言

　　於法國進修後，我曾在日本的「Pierre Hermé PARIS」學習法式甜點製作，並在「D'eux Patisserie-Cafe」擔任六年的甜點師。之後，以無固定店家方式進行了2年的甜點烘焙工作，最終獨立創業設立「Ryoura」是在2015年10月。進修時期，我學習製作正統法式甜點，在上一間店家工作時，以進修時期習得的知識與經驗為基礎，思考「具有自己特色且能聚集眾人目光的甜點」，於是便不顧一切地開始埋頭苦幹製作甜點。然而，在擁有自己的甜點店時，才開始萌生「想放緩氣勢洶洶的步伐更柔軟地製作甜點」的想法。自己喜愛的蛋糕甜點是什麼，想要提供給什麼樣的客人，慢慢開始冷靜思考這些事。不是要製作「想要大眾如何看待」這種自命非凡的甜點，而是想要製作出讓顧客目光駐足、流連忘返的甜點。

　　於是，從這樣的思維出發，Ryoura以聖多諾黑泡芙、閃電泡芙、薩瓦蘭蛋糕日本人都熟悉的法式甜點為中心，專心致力於用有趣的食材搭配或華麗的甜點外表等讓人可感受到獨創性的甜點製作。並且，亦備有水果蛋糕為首的日式洋菓子，不侷限在法式甜點的框架內，因應各式各樣需求用心提供種類繁多的甜點商品。因此，在本書內為了將這些基本款甜點做得更美味、更加繽紛多變，透過食譜介紹給各位相關的技術或巧妙運用時令水果的創意想法。製作出讓人興奮期待的招牌甜點。我想，這是為了成為受大眾愛戴的街坊洋菓子店應持續追求的重要課題。

「Ryoura」主廚 菅又亮輔

目次

基本部份

攝影　天方晴子
設計　飯塚文子
編輯　吉田直人

閱讀本書前須知事項

◎關於材料

· 奶油使用無鹽奶油。

· 粉類食材都事先過篩才使用。

· 香草莢，若是無特殊記載者都是將香草莢剖開取出香草籽，香草莢與香草籽一起使用。

· 用冰水浸泡軟化的片狀果膠，使用前須先瀝乾水分後再使用。

· 甜點介紹的頁面上添附在甜點名稱旁的水果照片 (參考下記圖示)，若是無特別記載的話表示使用新鮮或冷凍水果。並且，都是直接使用或經拌炒等加工後再使用。

芒果香緹蛋糕
Chantilly à la mangue

◎關於糖漿

· 於本書中作為材料登場的糖漿（波美度 30）是依以下要領製作而成的。

[材料]

《容易製作的份量》

水……450g

細砂糖……550g

[作法]

1　於鍋中倒入材料並開啟爐火加熱，待煮沸後再關火。

◎關於食譜

· 商品名與材料名基本上都是依據店家標示為主。

· 部分材料的製作方式有省略。

· 烤模的尺寸為店內使用的實際尺寸。請使用與此相近尺寸的烤模。

· 使用攪拌器進行攪拌時，請適時地在中途暫停攪拌，將粘在攪拌缸內側的材料剝除。

· 攪拌器的速度或攪拌時間，烤箱的溫度或烘烤時間等都只是大約的標準。
　請因應使用機器的機種或麵團狀態進行適當調整。

· 使用雙溫控烤箱 (平窯) 時便記載「上火」「下火」溫度。

· 室溫約在 20 ～ 25℃。

充滿水果香氣的
美味甜點食譜

簡單的極致美味
水潤與輕盈口感
魅惑的泡芙甜點
對比鮮明的多重滋味
深植人心的原創甜點
傳統甜點的新式風格

芒果魅力全開！使用兩種鮮奶油，
輕盈與豐厚的雙重口感組成絕妙搭配。

享受滿滿芒果風味簡單的水果蛋糕。香緹鮮奶油不使
用乳脂肪含量 47% 的鮮奶油，而是使用乳脂肪含量
42% 的鮮奶油做出清爽口感，與水潤多汁的芒果剛好
協調搭配。而最上層的芒果下方還暗藏著卡士達鮮奶
油，像是法式蛋糕般帶有奢華感的豐厚風味。

芒果香緹蛋糕
Chantilly à la mangue

輕盈的香緹鮮奶油
襯托出晴王麝香葡萄的纖細風味

帶有上等的甜味、纖細的風味、鮮嫩多汁的晴王麝香
葡萄是此款蛋糕的主角。為了凸顯水果魅力所搭配
使用的香緹鮮奶油，製作時將一般使用的乳脂肪含量
47% 鮮奶油改成乳脂肪含量 42% 鮮奶油，做出口感較
為輕盈的鮮奶油。

麝香葡萄香緹蛋糕
Chantilly au muscat

芒果香緹蛋糕 Chantilly à la mangue

[材料]

芒果的事前準備

《直徑 15cm 海綿蛋糕模具 1 個份》

芒果……1 又 1/2 顆

整體蛋糕組成・裝飾

《直徑 15cm 海綿蛋糕模具 1 個份》

經典海綿蛋糕 (P.126)……1 個

香緹鮮奶油＊(參閱 P.148)……約 500g

卡士達鮮奶油＊(參閱 P.149)……適量

＊與 P.148 的香緹鮮奶油不同，是使用乳脂肪含量 42% 的
鮮奶油製作而成，但作法皆同。

[結構圖]

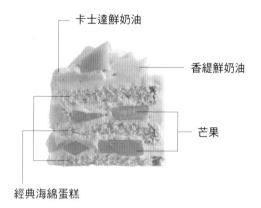

卡士達鮮奶油

香緹鮮奶油

芒果

經典海綿蛋糕

[作法]

芒果的事前準備

1 將芒果縱切成 3 等份。去除芒果籽，其他果
肉則削皮後切成 2cm 左右的塊狀。

A~D

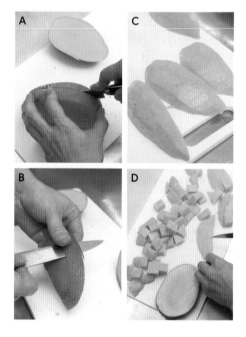

材料組合・裝飾

1 將經典海綿蛋糕的側邊烘焙紙撕除，用兩把
尺夾住海綿蛋糕，並切成厚度 1.5cm 的薄片蛋
糕。大約可切成 5 片，再去除最上面與最下面的
部分，可使用的薄片海綿蛋糕變成 3 片。

A~B

2　蛋糕轉台上放上 1 片海綿蛋糕，用抹刀塗上香緹鮮奶油 (約 32~34g)。⇨Point ❶　　C

3　將芒果切塊瀝乾汁液，舖放在步驟 **2** 材料上。接著將芒果完全覆蓋的程度，塗上香緹鮮奶油 (同上)。　　D-E

4　蓋上 1 片海綿蛋糕，再次塗上香緹鮮奶油 (同上)。

5　將芒果切塊瀝乾汁液，舖放在步驟 **4** 材料上。接著將芒果完全覆蓋的程度，滿滿地塗上香緹鮮奶油 (同上)，於上方再次蓋上 1 片海綿蛋糕。　　F

6　一邊將蛋糕轉台作適當地旋轉，一邊從側邊與上面依序塗上薄薄的香緹鮮奶油。　　G

7　上方再放上滿滿的香緹鮮奶油，接著用抹刀將其抹開。從上面溢出的香緹鮮奶油用抹刀刮起後放在蛋糕側邊，再一邊旋轉蛋糕轉台一邊將香緹鮮奶油抹開。此動作需進行兩次，蛋糕表面需用鮮奶油完全覆蓋。　　H-J

8　將抹刀靠放在下方與側邊交接處，旋轉蛋糕轉台一圈將突出處抹平使表面平滑。上方與側邊的交接處也是相同地將突出處抹平使表面平滑。

9　將香緹鮮奶油裝入附有星型花嘴的擠花袋內，於蛋糕上方 6 個同等間距處擠上の字的奶油花，為了將中間空隙填補完全再擠上水滴狀奶油花。正中間部分則是將卡士達鮮奶油用附有圓型花嘴的擠花袋擠出旋渦狀。接著將芒果切塊瀝乾汁液，擺放在卡士達鮮奶油的上方。　　K-L

Point -

❶　為了不讓香緹鮮奶油垮掉，蛋糕製作過程中需時常將缽盆底部浸放在冰水中使其冰鎮。並且用打蛋器適時地重新打發使用。

麝香葡萄香緹蛋糕　　Chantilly au muscat

[材料]

晴王麝香葡萄的事前準備

《直徑 15cm 海綿蛋糕模具 1 個份》

晴王麝香葡萄……約 35 顆

整體蛋糕組成・裝飾

《直徑 15cm 海綿蛋糕模具 1 個份》

經典海綿蛋糕 (P.126)……1 個

香緹鮮奶油* (參閱 P.148)……約 500g

卡士達鮮奶油 (參閱 P.149)……適量

*與 P.148 的香緹鮮奶油不同，是使用乳脂肪含量 42% 的
鮮奶油製作而成，但作法皆同。

[結構圖]

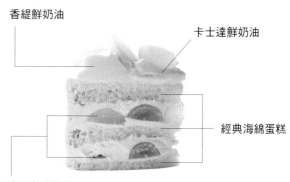

香緹鮮奶油　　卡士達鮮奶油

經典海綿蛋糕

晴王麝香葡萄

[作法]

晴王麝香葡萄的事前準備

1　將晴王麝香葡萄從果梗上取下葡萄果實，將
與果梗連結的黑色部分蒂頭切除後，再直切對
半。部分用來作為蛋糕上方裝飾用的則橫切對
半。

A~B

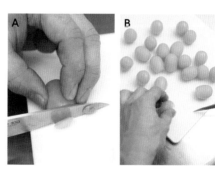

材料組合・裝飾

1　將經典海綿蛋糕的側邊烘焙紙撕除，用兩把
尺夾住海綿蛋糕，並切成厚度 1.5cm 的薄片蛋
糕。大約可切成 5 片，再去除最上面與最下面的
部分，可使用的薄片海綿蛋糕變成 3 片。

2　將 1 片海綿蛋糕用抹刀大量地塗上香緹鮮奶
油 (約 32~34g)。⇨ Point ❶

3　將切成對半的晴王麝香葡萄的切斷面朝下鋪
放在步驟 **2** 材料上。接著將晴王麝香葡萄完全覆
蓋的程度，大量地塗抹香緹鮮奶油 (同上)。

A

B~D

4 蓋上1片海綿蛋糕，再次塗上香緹鮮奶油(同上)。 E

5 將切成對半的晴王麝香葡萄的切斷面朝下舖放在步驟**4**材料上。接著將晴王麝香葡萄完全覆蓋的程度，大量地塗抹香緹鮮奶油(同上)，之後再覆蓋1片海綿蛋糕。 F~G

6 將步驟**5**材料放到蛋糕轉台上，一邊將蛋糕轉台作適當地旋轉，一邊從側邊與上面依序塗上薄薄的香緹鮮奶油。 H

7 上方再放上滿滿的香緹鮮奶油，接著用抹刀將其抹開。從上面溢出的香緹鮮奶油用抹刀刮起後放在蛋糕側邊，再一邊旋轉蛋糕轉台一邊將香緹鮮奶油抹開。此動作需進行兩次，蛋糕表面需用鮮奶油完全覆蓋。 I~J

8 將抹刀靠放在下方與側邊交接處，旋轉蛋糕轉台一圈將突出處抹平使表面平滑。上方與側邊的交接處也是相同地將突出處抹平使表面平滑。

9 將香緹鮮奶油裝入附有星型花嘴的擠花袋內，於蛋糕上方6個同等間距處擠上的字的奶油花，為了將中間空隙填補完全再擠上水滴狀奶油花。正中間部分則是將卡士達鮮奶油用附有圓型花嘴的擠花袋擠出旋渦狀。接著將橫切對半的晴王麝香葡萄擺放在卡士達鮮奶油的上方。 K~N

Point --

❶ 為了不讓香緹鮮奶油垮掉，蛋糕製作過程中需時常將缽盆底部浸放在冰水中使其冰鎮。並且用打蛋器適時地重新打發使用。

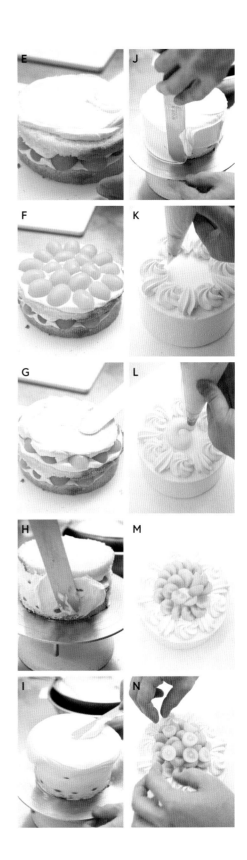

恰到好處的可可芬芳，
做成眾人熟悉的「香蕉巧克力風味」

蛋糕基底不特別凸顯巧克力風味，相對地使用兩種奶油
分別與巧克力進行調合，使其增添巧克力香氣。然而，
為了不讓整體巧克力風味過於沉重，在堆疊香蕉的奶油
裡不使用巧克力而是添加杏仁糖，作為其他香氣。

香蕉巧克力蛋糕
Chocolat banane

[材料]

巧克力香緹鮮奶油

《直徑 15cm 海綿蛋糕模具 1 個份》

深黑苦甜巧克力 (可可脂 64%)……60g
牛奶巧克力 (可可脂 40%)……30g
鮮奶油 A (乳脂肪含量 35%)……110g
轉化糖……10g
片狀果膠 (用冰水泡軟)……1g
鮮奶油 B (乳脂肪含量 35%)……280g

巧克力卡士達醬

《直徑 15cm 海綿蛋糕模具 1 個份》

深黑苦甜巧克力 (可可脂 64%)……6g
卡士達醬 (P.148)……60g

杏仁糖香緹鮮奶油

《直徑 15cm 海綿蛋糕模具 1 個份》

杏仁糖膏 (杏仁 / 無鹽)……14g
香緹鮮奶油 (P.148)……85g

香蕉的事前準備

《直徑 15cm 海綿蛋糕模具 1 個份》

香蕉……約 3 根

整體蛋糕組成・裝飾

《直徑 15cm 海綿蛋糕模具 1 個份》

巧克力海綿蛋糕 (P.128)……1 個
裝飾用巧克力……適量

[結構圖]

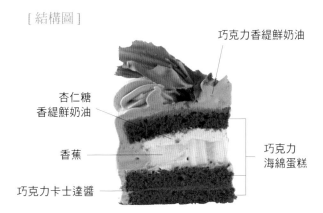

巧克力香緹鮮奶油

杏仁糖
香緹鮮奶油

香蕉

巧克力卡士達醬

巧克力
海綿蛋糕

[作法]

巧克力香緹鮮奶油

1 於料理缽中倒入深黑苦甜巧克力與牛奶巧克
力兩種，並進行隔水加熱使其溶解。

2 於鍋中倒入鮮奶油 A，開啟爐火進行加熱烹
煮。

3 於步驟 **1** 材料依序加入轉化糖、步驟 **2** 材料、
泡軟的果膠並進行混合攪拌。

4 於步驟 **3** 中慢慢少量倒入鮮奶油 B 混合攪拌。

5 移放到保存容器中並蓋上蓋子，放到冰箱冷
藏一晚。⇨ Point ❶

A

B

C

D

Point --

❶ 放置冰箱冷藏一晚可使其較為穩定，鮮奶油
更容易打發，打發後不易垮掉。再次重新確實打發
後即可使用。

巧克力卡士達醬

1 在料理缽中放入深黑苦甜巧克力，用湯鍋進行隔水加熱使其融化。

2 於其他料理缽中放入卡士達醬，開啟小火將整個料理缽加熱，一邊攪拌一邊加熱至 24~26℃。⇨Point ❶

3 在步驟 **1** 材料中倒入步驟 **2** 進行混合攪拌。

A

B

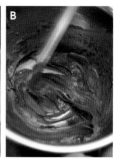

Point --

❶ 卡士達醬與融化的巧克力進行混合時，為了不讓巧克力硬掉固化需先將卡士達醬加熱備用。

杏仁糖香緹鮮奶油

1 將材料混合攪拌。

A-B

香蕉的事前準備

1 將香蕉去頭去尾後剝皮，去除香蕉韌絲後切成寬度 1.5cm 的塊狀。

A-B

材料組合・裝飾

1 將巧克力海綿蛋糕的側邊烘焙紙撕除，用兩把尺夾住海綿蛋糕，並切成厚度 1.5cm 的薄片蛋糕。大約可切成 5 片，再去除最上面與最下面的部分，可使用的薄片海綿蛋糕變成 3 片。

A

2 將 1 片巧克力海綿蛋糕用抹刀大量地塗上巧克力卡士達醬，接著再蓋上另 1 片巧克力海綿蛋糕。

B-C

3 蓋將巧克力香緹鮮奶油重新打發，於步驟 **2** 材料上約塗抹 25g，接著鋪滿香蕉切片。⇨Point **❶**　　D-E

4 將杏仁糖香緹鮮奶油裝入口徑 1.5cm 的圓形花嘴擠花袋內，於步驟 **3** 材料上擠出旋渦狀鮮奶油，之後再蓋上另 1 片巧克力海綿蛋糕。　　F-G

5 將步驟 **4** 材料放上蛋糕轉台上，一邊將蛋糕轉台作適當地旋轉，一邊從側邊與上面依序塗上薄薄的巧克力香緹鮮奶油。　　H

6 上方再放上滿滿的巧克力香緹鮮奶油，接著用抹刀將其抹開。從上面溢出的巧克力香緹鮮奶油用抹刀刮起後放在蛋糕側邊，再一邊旋轉蛋糕轉台一邊將鮮奶油抹開。此動作需進行兩次，蛋糕表面需用鮮奶油完全覆蓋。　　I-J

7 將抹刀靠放在下方與側邊交接處，旋轉蛋糕轉台一圈將突出處抹平使表面平滑。上方與側邊的交接處也是相同地將突出處抹平使表面平滑。

8 將巧克力香緹鮮奶油裝入附有星型花嘴的擠花袋內，於蛋糕上方 6 個同等間距處擠上の字的奶油花，為了將中間空隙填補完全再擠上水滴狀奶油花。正中間部分也是擠上の字的奶油花，上方再擺放裝飾用巧克力片。　　K-L

Point --

❶ 巧克力香緹鮮奶油需重新確實打發後再使用，且為了不讓鮮奶油垮掉，蛋糕製作過程中需時常將缽盆底部浸放在冰水中使其冰鎮。

利用糖漿與果醬，
提升芒果與塔皮的和諧感

新鮮芒果的濃厚風味，搭配卡士達鮮奶油的濃醇奶香與
法式塔皮的酥脆香氣，共同彈奏出完美的協奏曲。塔皮
基底塗上南洋熱帶水果風味的糖漿與果醬，大大縮短塔
皮與芒果的距離感。

芒果塔
Tarte à la mangue

芒果的事前準備

《直徑 21cm 菊花派盤 1 個份》

芒果……約 3 顆

水果糖漿

《直徑 21cm 菊花派盤 1 個份》

百香果果泥……5g

芒果果泥……5g

糖漿 (波美度 30)……15g

整體蛋糕組成‧裝飾

《直徑 21cm 菊花派盤 1 個份》

盛裝法式杏仁奶油餡

　一起烘烤的法式甜塔皮 (P.138)……1 個

百香果柳橙果醬 (參考 P.151)……25g

卡士達鮮奶油 (P.149)……200g

鏡面果膠……適量

[結構圖]

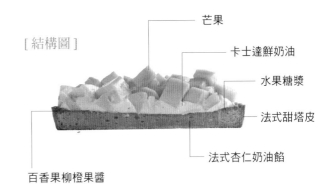

- 芒果
- 卡士達鮮奶油
- 水果糖漿
- 法式甜塔皮
- 法式杏仁奶油餡
- 百香果柳橙果醬

[作法]

芒果的事前準備

1　將芒果與 P.10 的芒果的事前準備進行相同的準備並切塊。

水果糖漿

1　將百香果果醬與芒果果醬混合後用微波爐加熱至 40℃，再與糖漿混合攪拌即可。

材料組合‧裝飾

1　在盛裝法式杏仁奶油餡一起烘烤的法式甜塔皮內用毛刷刷上水果糖漿。　A

2　將百香果柳橙果醬用擠花袋在塔皮內以螺旋狀方式擠出，再用抹刀抹開。之後再將卡士達鮮奶油裝入口徑 1.3cm 圓形花嘴的擠花袋，在果醬上方以螺旋狀方式擠出。　B-D

3　將切塊的芒果擺放上去，芒果上方再塗上鏡面果膠。　E-F

不只是外皮，連內層白皮，整顆日向夏柑橘皆可使用！
活用柑橘本身所帶有的舒爽微苦滋味

法式甜塔皮上妝點著帶有內層白皮的日向夏柑橘切塊與日向夏柑橘皮製作而
成的果醬。可品嚐到日向夏柑橘獨特的溫和苦甜滋味。塔皮基底塗上葡萄柚
糖漿與柳橙果醬，前者的微苦滋味與後者的微甜風味正好取得完美平衡。

時令水果塔
（日向夏柑橘塔）

Tarte aux fruits de saison

[材料]

日向夏柑橘皮果醬

《容易製作的份量》

水……200g

細砂糖……150g

日向夏柑橘皮……2 顆份

日向夏柑橘的事前準備

《直徑 21cm 菊花派盤 1 個份》

日向夏柑橘……5 顆

水果糖漿

《直徑 21cm 菊花派盤 1 個份》

粉紅葡萄柚果泥……10g

糖漿 (波美度 30)……15g

整體蛋糕組成・裝飾

《直徑 21cm 菊花派盤 1 個份》

盛裝法式杏仁奶油餡

　一起烘烤的法式甜塔皮 (P.138)……1 個

柳橙柑橘醬 (P.151)……40g

卡士達鮮奶油 (P.149)……240g

鏡面果膠……適量

[結構圖]

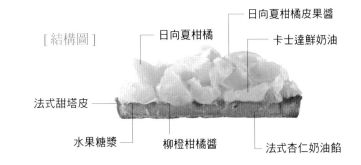

日向夏柑橘皮果醬 — 日向夏柑橘 — 卡士達鮮奶油 — 法式甜塔皮 — 水果糖漿 — 柳橙柑橘醬 — 法式杏仁奶油餡

[作法]

日向夏柑橘皮果醬

1　於鍋中放入水與細砂糖並開啟爐火加熱，待　A~B
煮沸後將日向夏柑橘皮倒入並轉成小火，繼續烹
煮至稍微出現透明感為止。⇨Point ❶

Point --

❶　日向夏柑橘皮稍微煮過就會出現微苦，若是
煮過久就會變甜，需注意。

日向夏柑橘的事前準備

1　將日向夏柑橘切除頭部與底部後，削除表皮，　A~D
將部分保留內層白皮與部分不保留白皮，使其表
面顏色不一，之後再將其果肉一瓣一瓣剝開，去
籽，切成各式各樣大小的形狀。⇨Point ❶

Point --

❶　日向夏柑橘的內層白皮其苦澀味較少，所以
直接吃也很好吃。 切成各式各樣大小不同、形狀
不同的塊狀，盛裝在塔皮上呈現出多樣化不同風情
的面貌。

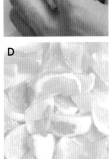

水果糖漿

1　將粉紅葡萄柚果醬倒入料理缽，用微波爐加　　A
熱至 40℃，再與糖漿混合攪拌即可。

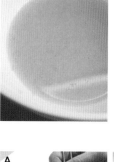

材料組合・裝飾

1　在盛裝法式杏仁奶油餡一起烘烤的法式甜塔　　A
皮內用毛刷刷上水果糖漿。

2　將柳橙柑橘醬用擠花袋在塔皮內以螺旋狀方　　B~C
式擠出，之後再將卡士達鮮奶油裝入口徑 1.3cm
圓形花嘴的擠花袋，在果醬上方同樣以螺旋狀方
式擠出。柳橙柑橘醬擠出後也可以用抹刀將果醬
抹開。

3　將切塊的日向夏柑橘擺放上去。　　D~F

4　在日向夏柑橘上方再塗上鏡面果膠，將日向
夏柑橘皮果醬切成適當大小後裝飾。

法式草莓香緹蛋糕
Chantilly à la fraise

用蔗糖製作出具有深度甜味的香緹鮮奶油與抹上溫潤甘甜蜂蜜的海綿蛋糕，中間夾著滿滿的新鮮草莓做成招牌草莓水果蛋糕。若是購買整顆完整的水果蛋糕即可在蛋糕中央擠上卡士達鮮奶油做出豐厚口感，十分適合用來慶祝生日或紀念日等重要日子使用。

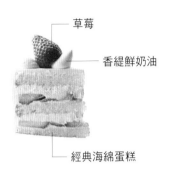

草莓

香緹鮮奶油

經典海綿蛋糕

草莓塔
Tarte aux fraises

使用滿滿的新鮮草莓所做成的水果塔。雖然是以法式甜塔皮、卡士達鮮奶油、草莓為主體組成的簡單水果塔，將草莓果泥搭配覆盆子果泥做出水果糖漿塗抹在塔皮基底，再疊放覆盆子果醬，提升滿滿的水果滋味，其中隱藏著許多微小細節。

卡士達鮮奶油

草莓

覆盆子果醬 / 水果糖漿

法式甜塔皮

法式杏仁奶油餡

金桔塔
Tarte aux kinkans

為了保留金桔的新鮮原始風味，加工做成甜度 22~23 左右的糖漬金桔。在盛裝法式杏仁奶油餡烘烤的法式塔皮上再疊放卡士達鮮奶油，塔皮基底內塗上橘子與香草籽做出的水果糖漿，之後再塗上柳橙柑橘醬，提升整個柑橘香氣。

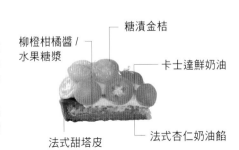

糖漬金桔

柳橙柑橘醬 / 水果糖漿

卡士達鮮奶油

法式甜塔皮

法式杏仁奶油餡

輕盈的奶油與果凍間潛藏著新鮮葡萄柚

將外表看起來感覺十分涼爽、非常適合夏天的玻璃杯
裝甜點開發成一款紅色視覺的甜品，將蜜桃當成主軸
風味，搭配兩種不同的奶油。另一方面，不使用雞蛋
來製作，創造出輕盈口感，裡頭隱藏著新鮮水果 - 葡萄
柚，上面再疊上入口滑順的玫瑰果果凍。

蜜桃公主
Princesse

※ 在此使用的是白桃果泥。

日向夏柑橘皮果醬

《22 杯份》

水……820g

玫瑰果茶的茶葉……36g

蜂蜜……60g

細砂糖……80g

凝膠劑 (伊那寒天粉 L)……28g

蜜桃與紅醋栗的法式布丁

《22 杯份》

鮮奶油 (乳脂肪含量 35%)……240g

蛋黃……105g

細砂糖……75g

海藻糖……25g

片狀果膠 (用冰水泡軟)……4g

紅醋栗果泥……120g

白桃果泥……30g

紅醋栗荔枝果凍

《22 杯份》

紅醋栗果泥……205g

荔枝果泥……70g

片狀果膠 (用冰水泡軟)……7g

細砂糖……85g

蜜桃荔枝奶油

《22 杯份》

牛奶……315g

片狀果膠 (用冰水泡軟)……13g

細砂糖……80g

鮮奶油 (乳脂肪含量 35%)……185g

酸奶油……47g

白桃果泥……315g

荔枝果泥……175g

蜜桃利口酒……15g

整體蛋糕組成‧裝飾

《1 杯份》

葡萄柚……4 塊切片

[結構圖]

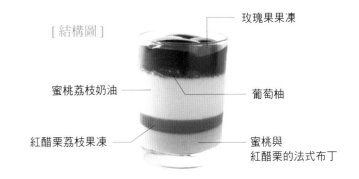

玫瑰果果凍

蜜桃荔枝奶油

葡萄柚

紅醋栗荔枝果凍

蜜桃與
紅醋栗的法式布丁

[作法]

玫瑰果果凍

1 於鍋中加水開啟爐火加熱。待煮沸後將玫瑰果茶的茶葉倒入，關閉爐火，蓋上鍋蓋使其悶泡 10 分鐘。　A

2 將步驟 **1** 材料用濾網過濾後移至其他鍋中，加入蜂蜜。　B

3 於料理缽中倒入細砂糖與凝膠劑進行混合攪拌。

4 將步驟 **2** 材料開啟爐火加熱，待加熱至 40℃ 左右再倒入步驟 **3** 材料進行混合攪拌。等到煮沸後關火，用濾網再次過篩。　C

5 於直徑 4cm 的半球型烤模中各約倒入 10g，接著放到冰箱冷藏使其凝固。　D

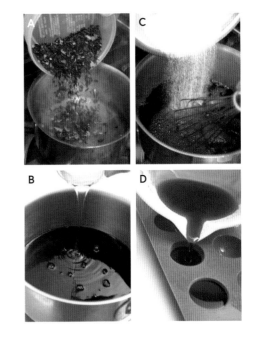

蜜桃與紅醋栗的法式布丁

1 於鍋中倒入鮮奶油並開啟爐火，需加熱至即將煮沸。

2 在料理缽中倒入蛋黃、細砂糖、海藻糖從底部進行翻拌。　A

3 將步驟 **1** 食材倒入步驟 **2** 中進行混合。此時開啟爐火，一邊攪拌一邊加熱至 82℃。　B~C

4 關閉爐火，加入已用冰水泡軟的果膠進行攪拌溶解。之後，用濾網過濾。⇨Point ❶　D

5 倒入紅醋栗果泥與白桃果泥，用打蛋器進行混合攪拌，再改用橡膠刮刀調整表面細緻度。　E
⇨Point ❷

6 用漏斗充填器分別倒入 24g 於玻璃杯內，再用急速冷凍機進行冰凍固化。　F

Point --

❶　法式布丁不是經過烘烤使其固化，而是煮好的當下加入果膠進行混合攪拌，再使其冷卻即可凝固。

❷　奶油與果泥搭配使用時，奶油的材料與果泥一起烹煮後再用濾網過濾是一般的作法，但為了不讓果泥烹煮過度失去原始新鮮風味，且不想失去果泥原有的纖維質，先將奶油烹煮後用濾網過篩，之後再混入果泥。

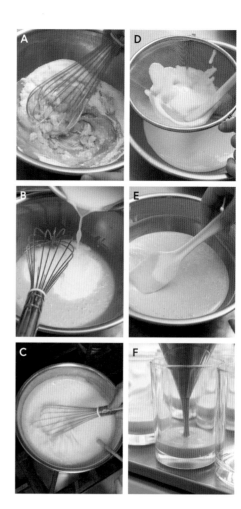

紅醋栗荔枝果凍

1 於料理缽中倒入紅醋栗果泥與荔枝果泥，用微波爐加熱至 40℃。　A

2 依序加入已泡軟的果膠與細砂糖，每次加入均需攪拌溶解均勻。　B~C

3 於已倒入法式布丁的玻璃杯內再用漏斗充填器分別倒入 16g，再放入急速冷凍機進行冰凍固化。　D

蜜桃荔枝奶油

1 於鍋中倒入牛奶，開啟爐火，加熱至 50℃ 為止。倒入已浸水泡軟的果膠進行攪拌溶解，再接著倒入細砂糖混合溶解。

2 於攪拌鉢中倒入鮮奶油，用網狀攪拌器打至 5～6 分發泡，接著放到冰箱冷藏。

3 於料理鉢中倒入酸奶油，用橡膠刮刀輕輕攪拌。

4 在其他料理鉢中倒入白桃果泥與荔枝果泥進行混合攪拌。

5 將步驟 **4** 材料少量倒入步驟 **3** 材料中混合攪拌，接著再倒回步驟 **4** 的料理鉢中混合攪拌。

6 於步驟 **5** 中倒入步驟 **1** 材料，在料理鉢下浸泡冰水，一邊混合攪拌一邊使其降溫至 25℃。

7 加入蜜桃利口酒混合攪拌，將步驟 **2** 材料再次打發並分成兩回倒入，每次倒入時須用打蛋器攪拌均勻，再改用橡膠刮刀調整奶油表面細緻度。

8 於已盛入法式布丁與果凍的玻璃杯中再分別倒入 50g 的蜜桃荔枝奶油，最後放到冰箱冷藏固化。

⇨Point ❶

Point --

❶ 由於水分較多，油分較少，進行冷凍的話到達 0℃ 時會產生分離狀態。因此，不是放在冷凍，而是放置冰箱冷藏固化。

A
B
C
D
E
F

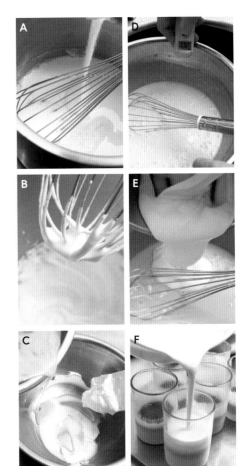

材料組合・裝飾

1 將葡萄柚切開頭部與底部並去皮 (亦去除白皮部分)，切開取出果肉部分。將果肉切成 2cm 大小的塊狀。

A～B

2 將倒有法式布丁、果凍、奶油等材料的玻璃杯中再放入葡萄柚切塊，為了將葡萄柚覆蓋，上面再各擺放 3～4 顆玫瑰果果凍。

C～D

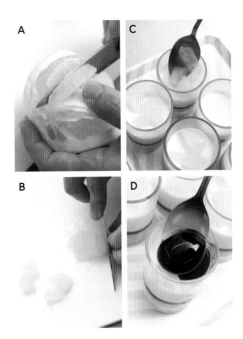

新鮮水果、奶油、果凍層層重疊，
做出純色美味「黃色沼澤」

法語中 Marais jaune 的意思是「黃色沼澤」。沒有擺
放任何主角材料或配料，而是將各個配料融合一起，做
成單一美味的設計概念。像是被沼澤吸引般，湯匙會不
由自主地一層一層往下探，將各式配料撈起一口吃下，
整個口中充滿南洋風味。

帶有深度杏仁風味的法式杏仁奶凍與
新鮮水果哈密瓜的搭配組合

帶有杏仁風味的法式杏仁奶凍為主角，烘烤過的杏仁香
氣移轉到牛奶上，剛好覆蓋過多的奶香感，提升為更有
深度的風味。搭配使用的是哈密瓜，為了適度隱藏葫蘆
科特有的香氣，添加蜂蜜與薄荷風味。

黃色沼澤
Marais jaune

哈密瓜杏仁奶凍
Fraîcheur

黃色沼澤　Marais jaune

[材料]

南洋水果奶油

《20 杯份》

牛奶……155g

鮮奶油 (乳脂肪含量 35%)……100g

香草精……2g

蛋黃……30g

細砂糖……36g

海藻糖……10g

片狀果膠 (用冰水泡軟)……3.2g

綜合南洋水果果泥……88g

南洋水果果凍

《20 杯份》

綜合南洋水果果泥……218g

檸檬果泥……8.5g

片狀果膠 (用冰水泡軟)……3.5g

細砂糖……61g

烘烤杏仁

《容易製作的份量》

杏仁 (無皮)……適量

法式杏仁奶凍

《20 杯份》

帶杏仁香氣的牛奶……690g

┌ 烘烤杏仁……如左記作法，65g

└ 牛奶……770g

鮮奶油 (乳脂肪含量 35%)……250g

細砂糖……90g

片狀果膠 (用冰水泡軟)……11g

百香果芒果果凍

《20 杯份》

細砂糖……50g

海藻糖……20g

凝膠劑 (伊那寒天粉 F)……7g

水……230g

百香果果泥……115g

芒果果泥……115g

整體蛋糕組成‧裝飾

《1 個份》

柳橙……3 切片

芒果……5 切片

[結構圖]

百香果芒果果凍

芒果

柳橙

法式杏仁奶凍

南洋水果
果凍

南洋水果奶油

[作法]

南洋水果奶油

1　於鍋中放入牛奶與鮮奶油、香草精，並開啟爐火加熱。

2　於料理鉢中倒入蛋黃、細砂糖、海藻糖，從底部進行翻拌。

3　待步驟 **1** 即將煮沸前將步驟 **2** 食材倒入混合攪拌，將整個料理鉢放到爐火上，一邊攪拌一邊加熱至 82℃。　　A

4　將步驟 **3** 材料的爐火關閉，加入已浸軟的果膠進行混合溶解。之後，再用濾網過篩。

5　倒入綜合南洋水果果泥進行混合，鉢盆底下浸泡於冰水中，一邊攪拌一邊冷卻至 25℃以下。⇨Point ❶　　B-C

6　於玻璃杯中用漏斗充填器各倒入 20g，最後放到冰箱冷藏凝固。　　D

Point--

❶　若是趁食材溫度還高時倒入玻璃杯的話，水蒸氣會讓玻璃杯出汗，所以須先冷卻後再倒入玻璃杯中。

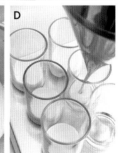

南洋水果果凍

1　於料理缽中倒入綜合南洋水果果泥與檸檬果泥，用微波爐加熱至 40℃。

2　依序加入已泡軟的果膠、細砂糖，每次倒入後均須攪拌溶解。　A

3　於倒入南洋水果奶油的玻璃杯內用漏斗充填器各倒入 14g。　B

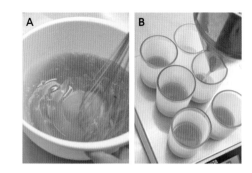

烘烤杏仁

1　於舖好烘焙紙的烤盤上排列擺放杏仁。將烤盤放入 160℃的旋風烤箱，途中需翻拌幾次使杏仁烘烤均勻。烘烤時間大約 15 分鐘。照片 B 為剛烘烤完成的狀態。　A~B

法式杏仁奶凍

1　將烘烤杏仁用菜刀切成粗粒狀。　A

2　於鍋中倒入牛奶，並開啟爐火加熱至即將煮沸。

3　關閉爐火，將步驟 1 材料倒入，蓋上鍋蓋燜放 10~15 分鐘。接著再用濾網過篩。　B

4　於料理缽中倒入鮮奶油，用打蛋器打至 5 分發泡狀態，放到冰箱冷藏。

5　從步驟 3 取出 690g 牛奶至料理缽中，加入細砂糖與泡軟後的果膠進行攪拌溶解。將缽盆底部浸泡於冰水中，一邊混合攪拌一邊冷卻至 20℃。　C

6　將步驟 4 再次輕輕地重新打發，部分倒入步驟 5 中混合攪拌。

7　將步驟 6 食材再倒至步驟 4 的料理缽內，用打蛋器進行攪拌，再改用橡膠刮刀調整表面細緻度。　D~E

8　於已倒入南洋水果奶油與果凍的玻璃杯內用漏斗充填器再倒入各 50g。　F

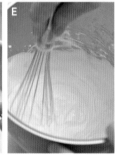

百香果芒果果凍

1 於料理缽中倒入細砂糖、海藻糖、凝膠劑進行 A
混合攪拌。➡Point ❶

2 於鍋中倒入水並開啟爐火加熱，待變溫熱後再 B
將步驟 1 食材加入一邊攪拌一邊使其加熱煮沸。

3 關閉爐火，將百香果果泥與芒果果泥倒入攪拌 C-D
後倒至保存容器內，使其放置一段時間冷卻，之後
再放入冰箱冷藏凝固。

Point ---

❶ 搭配使用凝膠劑，可使果凍滑溜好吃、口感
更加滑順。

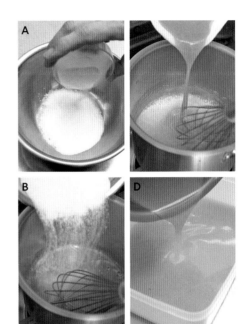

材料組合・裝飾

1 將柳橙切除頭部與底部並削皮 (連內層白皮 A-B
也削除)，取出種籽。將果肉切成 3 等分左右。

2 將芒果縱切成 3 等分。含芒果籽部位切除，
其他部位則去皮後切成約 2cm 大小的塊狀 (參照
P.10)。

3 於已倒入奶油等食材的玻璃杯內依序擺放柳橙 C-D
與芒果，完全覆蓋水果般再各自擺放約 25g 的百
香果芒果果凍。

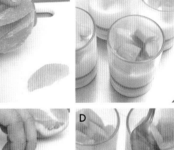

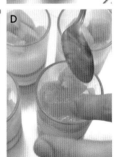

玻璃杯裝甜點的盛裝技巧
玻璃杯裝甜點，不管各種材料
依哪種順序重疊擺放，品嚐時
入口的印象會有很大的差異。
底部擺放甜度較強或是油脂成
分較高的食材，隨之越往上層
則擺放香氣較強烈的食材或是
較易融化入口的食材，這樣的
配置擺放是最基本的方式。

哈密瓜杏仁奶凍　Fraîcheur

[材料]

蜂蜜奶油

《20 杯份》

牛奶……155g

鮮奶油 (乳脂肪含量 35%)

　……195g

香草莢醬……0.7g

蜂蜜……15g

蛋黃……30g

細砂糖……16g

海藻糖……6g

片狀果膠 (用冰水泡軟)……3.6g

柳橙果凍

《20 杯份》

柳橙果泥……240g

片狀果膠 (用冰水泡軟)……5g

細砂糖……40g

海藻糖……10g

法式杏仁奶凍

《20 杯份》

帶杏仁香氣的牛奶……540g

[烘烤杏仁 (P.30)……50g

　牛奶……595g

鮮奶油 (乳脂肪含量 35%)……200g

細砂糖……75g

片狀果膠 (用冰水泡軟)……9g

萊姆薄荷果凍

《20 杯份》

帶薄荷香氣的水……415g

[水……440g

　薄荷葉……2g

萊姆果汁……30g

細砂糖……65g

海藻糖……20g

凝膠劑 (伊那寒天粉 F)……11g

整體蛋糕組成・裝飾

《1 個份》

哈密瓜……36g(4 切片)

蜂蜜……2g

[結構圖]

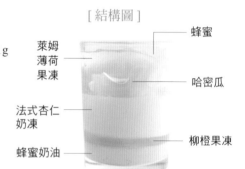

萊姆薄荷果凍　　蜂蜜

法式杏仁奶凍　　哈密瓜

蜂蜜奶油　　柳橙果凍

[作法]

蜂蜜奶油

1　於鍋中倒入牛奶與鮮奶油、香草莢醬、蜂蜜，並開啟　A
爐火加熱。⇨Point ❶

2　於料理缽中倒入蛋黃、細砂糖、海藻糖，從底部進行
翻拌。

3　待步驟 **1** 即將煮沸前倒入步驟 **2** 食材進行混合攪拌，　B~C
將整個料理缽放到爐火上，一邊攪拌一邊加熱至 82℃。

4　將步驟 **3** 材料的爐火關閉，加入已浸軟的果膠進行混　D
合溶解。之後，再用濾網過篩。缽盆底下浸泡於冰水中，
一邊攪拌一邊冷卻至 25℃以下。⇨Point ❷

5　於玻璃杯中用漏斗充填器各倒入 20g，最後放到冰箱
冷藏凝固。

Point ---

❶　香草莢醬經過加熱後其風味會更加濃厚。由於這是
不添加任何果泥的奶油，為了充分展現出香草風味，在此
不使用香草精，而是採用香草莢醬。

❷　若是趁食材溫度還高時倒入玻璃杯的話，水蒸氣會
讓玻璃杯出汗，所以須先冷卻後再倒入玻璃杯中。

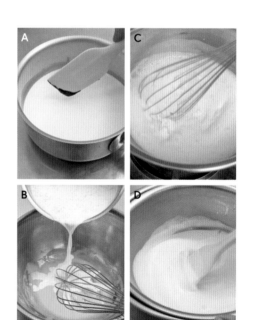

柳橙果凍

1 於料理鉢中放入柳橙果泥，用微波爐加熱至 40℃左右。

2 將用冰水泡軟的果膠、細砂糖與海藻糖依序倒入，每次倒入後均須攪拌至使其溶解。⇨Point ❶

A~B

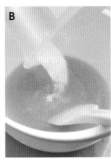

3 於已倒入蜂蜜奶油的玻璃杯中各倒入 14g。

Point --

❶ 為了提升蜂蜜與哈密瓜的風味或甜度，法式杏仁奶凍以外的組合食材均使用海藻糖來抑止甜度。

法式杏仁奶凍

1 依據左頁的材料、份量，遵照 P.30 的法式杏仁奶凍相同作法來製作，於倒有蜂蜜奶油與柳橙果凍的玻璃杯中再用漏斗充填器各倒入 40g。

萊姆薄荷果凍

1 於鍋中倒入水並開啟爐火加熱。待煮沸後將爐火關閉，放入薄荷葉，蓋上鍋蓋使其浸泡 10~15 分鐘，之後再用濾網過濾。

A

2 在鍋中倒入步驟 **1** 材料 415g 與萊姆果汁，並開啟爐火加熱。

3 於料理鉢中倒入細砂糖、海藻糖、凝膠劑進行混合攪拌。⇨Point ❶

4 待步驟 **2** 變得溫熱後再加入步驟 **3** 材料，一邊攪拌一邊使其煮沸。接著用濾網過篩，倒入保存容器中，使其靜置冷卻一段時間後再放到冰箱冷藏凝固。

B

Point --

❶ 搭配使用凝膠劑，可使果凍滑溜好吃、口感更加滑順。

材料組合・裝飾

1 將哈密瓜切除頭部與底部後再剖成對半，取出種籽。將一半縱切成 4 等份，只取出果肉較軟部分切成容易入口的大小。⇨Point ❶

A~C

2 將倒有奶油等材料的玻璃杯中放入哈密瓜切塊，為了讓哈密瓜切塊整個覆蓋各別放入萊姆薄荷果凍 25g，最後再淋上一圈蜂蜜。

D

Point --

❶ 關於哈密瓜，甜度較少的部分不適合用來製作甜點，因此靠近外皮的果肉需毫不猶豫地切除厚厚的一大塊。

各種配料都富含滿滿的南洋風味，
呈現出鮮美多汁的夏季滋味

容易吸附糖漿等水分、帶有細緻微小氣泡的酵母蛋糕滿
滿吸附著夏季時令水果的糖漿，呈現出多汁輕柔的口
感。將給人沉重印象的薩瓦蘭蛋糕改造成充滿水潤、適
合夏天的甜點。

南洋風味薩瓦蘭蛋糕
Savarin exotique

採用清爽不黏膩的糖漿與
簡單材料組合，襯托晴王麝香葡萄風味

為了不破壞晴王麝香葡萄的纖細風味，糖漿採用清爽
的白萊姆酒來製作，晴王麝香葡萄與酵母蛋糕之間用
來連結的食材是油脂成分較高的慕斯，是一款構成簡
單的甜點。

薩瓦蘭 X 柳橙的基本組合
添加黑糖 X 黑蜜，創造出新式個性甜點

在使用柳橙製作的基本款薩瓦蘭蛋糕裡，搭配使用黑
蜜製作的糖漿與添加黑蜜的兩款奶油，創造出獨特風
味。具有些微粘性的卡士達鮮奶油使酵母蛋糕更加好
吃，香緹鮮奶油則是用來調整整體風味濃度。

麝香葡萄薩瓦蘭蛋糕
Savarin au muscat

黑糖薩瓦蘭蛋糕
Savarin à la cassonade

南洋風味薩瓦蘭蛋糕　Savarin exotique

[材料]

南洋水果糖漿
《30 杯份》
水⋯⋯540g
百香果果泥⋯⋯180g
芒果果泥⋯⋯180g
柳橙果泥⋯⋯130g
杏桃果泥⋯⋯130g
細砂糖⋯⋯300g
黑萊姆酒⋯⋯220g

芒果奶油
《30 杯份》
牛奶⋯⋯310g
細砂糖⋯⋯80g
酸奶油⋯⋯80g
芒果果泥⋯⋯400g
椰子果泥⋯⋯80g
片狀果膠 (用冰水泡軟)⋯⋯10g
鮮奶油 (乳脂肪含量 35%)⋯⋯210g

杏桃果凍
《30 杯份》
杏桃果泥⋯⋯160g
百香果果泥⋯⋯115g
片狀果膠 (用冰水泡軟)⋯⋯3.6g
細砂糖⋯⋯42g
海藻糖⋯⋯8g

椰子慕斯
《30 杯份》
鮮奶油 (乳脂肪含量 45%)⋯⋯110g
義式蛋白霜⋯⋯60g
┌ 水⋯⋯65g
│ 細砂糖 A⋯⋯200g
│ 蛋白⋯⋯100g
└ 細砂糖 B⋯⋯10g
椰子果泥⋯⋯130g
片狀果膠 (用冰水泡軟)⋯⋯4g
白萊姆酒⋯⋯7g
椰子利口酒⋯⋯4g

整體蛋糕組成・裝飾
《1 個分》
酵母蛋糕 (P.142)⋯⋯1 個
鳳梨⋯⋯4 切片
芒果⋯⋯3 切片
鏡面果膠⋯⋯適量
萊姆皮⋯⋯適量

[結構圖]

萊姆皮
鳳梨
芒果
杏桃果凍
芒果奶油
椰子慕斯
南洋水果糖漿 /
酵母蛋糕

[作法]

南洋水果糖漿

1　於鍋中倒入水、4 種果泥、細砂糖後開啟爐火加熱至
55~60℃。⇨Point ❶

2　關閉爐火，倒入黑萊姆酒進行混合攪拌。趁熱時進行
材料組合 **1** 的步驟 2~3 動作。⇨Point ❷

A

B

Point --

❶　考量果泥會因為加熱導致風味變弱，所以添加時需
放入較多的量。

❷　糖漿的溫度大約落在 55~60℃。糖漿溫度若過低，
酵母蛋糕則無法吸附糖漿，但若溫度過高又會讓酵母蛋糕
變得黏糊，讓整個型體鬆垮。

材料組合 1

1　將烤好的酵母蛋糕底部薄薄地切除一片。用兩 　　A~C
把高度 3cm 的尺夾住酵母蛋糕，沿著尺緣輕輕滑
動刀子，將酵母蛋糕全都切成高度 3cm。接著在直
立立方向將蛋糕體稍微切除一小角。⇨ Point ❶

2　用竹籤等工具將酵母蛋糕浸泡在南洋水果糖漿 　　D
的湯鍋中，需時常翻覆酵母蛋糕使其整體吸附糖
漿。

3　將步驟 **2** 食材放入玻璃杯中並秤重，若是酵母
蛋糕吸附糖漿的量不足 50g 的話則用湯勺進行添
加，調整糖漿吸附量。之後，放到冰箱冷藏備用。

Point --

❶　為了使酵母蛋糕容易吸附糖漿，須先將底部
薄薄地切除。再者，考量吸附糖漿後會使得蛋糕
體膨脹，先將蛋糕體切除一小部分。

芒果奶油

1　於鍋中倒入牛奶與細砂糖並開啟爐火加熱至
50℃左右。

2　於料理缽中倒入酸奶油，再將芒果果泥與椰子 　　A~B
果泥少量慢慢加入，一邊輕輕攪拌酸奶油一邊倒入
材料混合。

3　將步驟 **1** 關閉爐火，加入用冰水泡軟的果膠進
行溶解混合。接著倒入步驟 **2** 進行混合攪拌。

4　將底部浸泡在冰水中，一邊攪拌使其冷卻至
24~26℃為止。

5　於步驟 **4** 中倒入鮮奶油混合攪拌。 　　C

6　於放有酵母蛋糕的玻璃杯中分別倒入 36g，接 　　D
著放到冰箱冷藏。

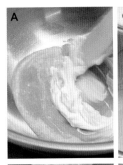

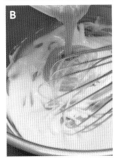

杏桃果凍

1　於料理缽中倒入杏桃果泥與百香果果泥，用微
波爐加熱至 40℃左右。

2　於步驟 **1** 加入用冰水泡軟的果膠使其混合溶
解。

3　加入細砂糖與海藻糖進行混合。 　　A

4　於裝有酵母蛋糕與芒果奶油的玻璃杯中各倒入 　　B
10g，接著放到冰箱冷藏凝固。

椰子慕斯

1　於攪拌缸中倒入鮮奶油，用網狀攪拌器打至 7 分發程度。　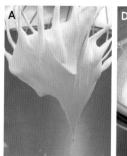
⇨Point ❶

2　製作義式蛋白霜。在鍋中倒入水與細砂糖 A 並開啟爐火
加熱至 116℃。

3　於攪拌缸中倒入蛋白，用網狀攪拌器攪拌至稍微打發後
倒入細砂糖 B 持續攪拌。

4　再打發更多後，一邊持續攪拌一邊將步驟 2 材料慢慢少　B~C
量倒入。待打發完全，鍋中溫度達到 40℃ 時，將攪拌缸從
攪拌機上卸下，將蛋白霜移放置烤盤上，並將其稍微整平後
放到冰箱冷藏。⇨Point ❷

5　在料理缽中倒入椰子果泥，用微波爐加熱至 40℃ 左右。

6　步驟 5 加入用冰水泡軟的果膠、白萊姆酒、椰子利口酒　D
進行混合攪拌，將底部浸泡在冰水中，一邊攪拌一邊使其冷
卻至出現粘稠感。

7　將冷卻後的義式蛋白霜取 60g 放入料理缽中輕輕攪拌打
發。倒入部分步驟 1 材料進行混合攪拌，待混合完全後再將
剩餘的步驟 1 材料全數倒入攪拌。⇨Point ❸

8　於步驟 7 中將步驟 6 材料慢慢少量倒入進行混合攪拌。　E

9　於直徑 4cm 的半球型烤模內將步驟 8 材料用擠花袋擠入　F
並將表面抹平，接著放到冰箱冷藏凝固。

Point

❶　在此使用乳脂肪成分 45% 的鮮奶油。因為與油脂成分
較高的椰子果泥進行混合時，若是使用脂肪成分低的鮮奶油
就會變成乾扁的質地。

❷　義式蛋白霜需確實冷藏備用。製作慕斯時，若是在溫
熱狀態與其他材料進行混合的話，會讓其型態變得不穩定。

❸　在比例調整上多下些功夫，做出適合用來製作玻璃杯裝
甜點的軟硬度慕絲。但是，不可與酵母蛋糕的口感落差過大。

材料組合 2・裝飾

1　將芒果去皮，約 1~2cm 左右大小切成不規則塊狀。　A~B

2　將鳳梨切除頭部與底部，再直切成 4 等份，去皮。表面
類似黑點的部份需去除，靠近鳳梨芯口感較硬的部分也切
除。表面斜切出花紋，再切成 2~3cm 大小的不規則塊狀。

3　在椰子慕斯上淋上鏡面果膠。　C

4　在放有酵母蛋糕等材料的玻璃杯內擺上步驟 3 食材，用　D
切塊的鳳梨與芒果作裝飾。最後，刨些萊姆皮灑在最上層。

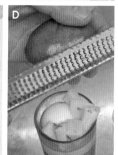

麝香葡萄薩瓦蘭蛋糕 Savarin au muscat

[材料]

白萊姆酒糖漿

《20 杯份》

水……1020g

細砂糖……205g

香草莢醬……6g

白萊姆酒……100g

椰子萊姆慕斯

《20 杯份》

鮮奶油 (乳脂肪含量 35%)……160g

義式蛋白霜……85g

> 水……65g
>
> 細砂糖 A……200g
>
> 蛋白……100g
>
> 細砂糖 B……10g

椰子果泥……180g

萊姆果泥……15g

片狀果膠 (用冰水泡軟)……5g

白萊姆酒……4g

萊姆薄荷果凍

《20 杯份》

薄荷水……415g

> 水……440g
>
> 薄荷葉……2g

萊姆果汁……30g

細砂糖……65g

海藻糖……20g

凝膠劑 (伊那寒天粉 L)……11g

整體蛋糕組成‧裝飾

《1 個份》

酵母蛋糕 (P.142)……1 個

晴王麝香葡萄……5~6 切塊

[結構圖]

晴王麝香葡萄

萊姆薄荷果凍

椰子萊姆慕斯

白萊姆酒糖漿 /
酵母蛋糕

[作法]

白萊姆酒糖漿

1 於鍋中倒入水、細砂糖、香草莢醬後開啟爐火加　A
熱至 55~60℃。

2 關閉爐火，倒入白萊姆酒進行混合攪拌。趁熱時　B
進行材料組合 1 的步驟 **1** 動作。⇨Point ❶

Point --

❶ 糖漿的溫度大約落在 55~60℃。糖漿溫度若過低，
酵母蛋糕則無法吸附糖漿，但若溫度過高又會讓酵母
蛋糕變得黏糊，讓整個型體鬆垮。

材料組合 1

1 與 P.37 的材料組合 **1** 步驟相同，準備酵母蛋糕，　A~B
使其吸附糖漿 50g(這裡糖漿指的是白萊姆酒糖漿)。
之後，放到冰箱冷藏備用。

椰子萊姆慕斯

1 於攪拌缸中倒入鮮奶油，用網狀攪拌器打至 7 分發程度。

2 製作義式蛋白霜。在鍋中倒入水與細砂糖 A 並開啟爐火加熱至 116℃。

3 於攪拌缸中倒入蛋白，用網狀攪拌器攪拌至稍微打發後倒入細砂糖 B 持續攪拌。

4 再打發更多後，一邊持續攪拌一邊將步驟 **2** 材料慢慢少量倒入。待打發完全，鍋中溫度達到 40℃ 時，將攪拌缸從攪拌機上卸下，將蛋白霜移放置烤盤上，並將其稍微整平後放到冰箱冷藏。⇨Point ❶

5 在料理缽中倒入椰子果泥與萊姆果泥，用微波爐加熱至 40℃ 左右。　　　　　　　A

6 步驟 **5** 加入用冰水泡軟的果膠、白萊姆酒進行混合攪拌，將底部浸泡在冰水中，一邊攪拌一邊使其冷卻至出現粘稠感。大約為 18℃。

7 將冷卻後的義式蛋白霜取 85g 放入料理缽中輕輕攪　　B
拌打發。倒入部分步驟 **1** 材料進行混合攪拌，待混合完全後再將剩餘的步驟 **1** 材料全數倒入攪拌。⇨Point ❷

8 於步驟 **7** 中將步驟 **6** 材料慢慢少量倒入進行混合攪　　C
拌。

9 用擠花袋將材料各擠入 20g 於放入酵母蛋糕的玻璃　　D
杯內，接著放到冰箱冷藏凝固。

Point ---

❶ 義式蛋白霜需確實冷藏備用。製作慕斯時，若是在溫熱狀態與其他材料進行混合的話，會讓其型態變得不穩定。

❷ 在比例調整上多下些功夫，作出適合用來製作玻璃杯甜點的軟硬度慕絲。然而，不可與酵母蛋糕的口感落差過大。

萊姆薄荷果凍

1 依據 P.39 的材料與份量，參考 P.33 的萊姆薄荷果凍的步驟進行製作。

材料組合 2・裝飾

1 將晴王麝香葡萄與果梗連結的黑色部分蒂頭切除　　A~B
後，再直切成 4 等份。

2 放有酵母蛋糕等材料的玻璃杯內擺上晴王麝香葡萄　　C~D
切塊，為了將晴王麝香葡萄完全覆蓋上頭再擺放萊姆薄荷果凍各 25g。

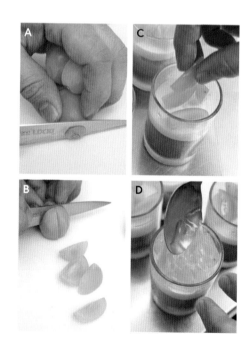

黑糖薩瓦蘭蛋糕　Savarin à la cassonade

[材料]

黑糖糖漿

《15 杯份》

水……500g

紅糖……65g

加糖黑糖……170g

黑萊姆酒……90g

黑蜜卡士達鮮奶油

《15 杯份》

卡士達鮮奶油 (P.149)……300g

黑蜜……10g

黑蜜香緹鮮奶油

《15 杯份》

鮮奶油 (乳脂肪含量 35%)……540g

黑蜜……18g

整體蛋糕組成‧裝飾

《1 個份》

酵母蛋糕 (P.142)……1 個

柳橙……6 塊切片

糖粉……適量

糖漬柳橙皮＊……適量

金箔……適量

＊將糖漿 (波美度 30) 與水以 2:1 比例倒入鍋中，開啟爐火加熱，待煮沸後加入柳橙皮並持續烹煮至柔軟為止。

[結構圖]

柳橙 / 糖漬柳橙皮

黑蜜香緹鮮奶油

黑蜜卡士達鮮奶油

黑糖糖漿 / 酵母蛋糕

[作法]

黑糖糖漿

1　於鍋中倒入水、紅糖、加糖黑糖後開啟爐火加熱至 55~60℃為止。

2　關閉爐火，倒入黑萊姆酒進行混合攪拌。趁熱時進行材料組合 1 的步驟 **1** 動作。⇨Point **1**

Point --

1　糖漿的溫度大約落在 55~60℃。糖漿溫度若過低，酵母蛋糕則無法吸附糖漿，但若溫度過高又會讓酵母蛋糕變得黏糊，讓整個型體鬆垮。

材料組合 1

1　與 P.37 的材料組合 1 步驟相同，準備酵母蛋糕，使其吸附糖漿 50g (這裡糖漿指的是黑糖糖漿)。之後，放到冰箱冷藏備用。

材料組合 2‧裝飾

1　將柳橙切除頭部與底部並剝皮 (連內層白皮也剝除)，取出種籽。再將整瓣果肉切成對半。(參照 P.31)

2　在放有酵母蛋糕等材料的玻璃杯中央各擠入約 20g 的黑蜜卡士達鮮奶油。　A

3　於奶油周圍排列柳橙切塊。　B

4　將黑蜜香緹鮮奶油再次輕輕攪拌打發，於步驟 **3** 玻璃杯內邊緣擠入滿滿的奶油 (約 35g) 後，再將其表面抹平。　C

5　將糖粉用茶葉濾網過篩灑上，擺上柳橙切塊、糖漬柳橙皮、金箔作裝飾。　D

黑蜜卡士達鮮奶油

1　混合攪拌。

黑蜜香緹鮮奶油

1　於攪拌缸內倒入鮮奶油，攪拌至 7 分發為止。

2　於步驟 **1** 加入黑蜜進行混合攪拌。

以紅酒為主軸，
展開一段紅色果實的協奏曲

在法國阿爾薩斯進修甜點時曾經用紅酒製作薩瓦蘭蛋
糕。桑格利亞風味的糖漿搭配使用帶有單寧酸的紅酒，
為了凸顯風味，慕斯使用黑莓、酸櫻桃來製作，新鮮水
果則是選擇 Nagano 葡萄。

紅酒薩瓦蘭蛋糕
Savarin au vin rouge

紅酒糖漿

《20 杯份》

紅酒……1200g

香草籽……1/2 根

肉桂棒……2 根

細砂糖……180g

綜合香料粉……4g

柳橙 (切成月牙狀 / 含皮)……1 塊

紅色果實慕斯

《20 杯份》

鮮奶油 (乳脂肪含量 35%)……190g

義式蛋白霜……100g

┌ 水……40g

│ 細砂糖 A……120g

│ 蛋白……60g

└ 細砂糖 B……8g

黑莓果泥……90g

酸櫻桃果泥……90g

草莓果泥……60g

櫻桃酒……4g

片狀果膠 (用冰水泡軟)……7g

紅色果實果凍

《容易製作的份量》

草莓果泥……40g

覆盆子果泥……80g

細砂糖……18g

海藻糖……4g

片狀果膠 (用冰水泡軟)

　　……2.4g

杏仁牛奶慕斯

《容易製作的份量》

鮮奶油 (乳脂肪含量 35%)……195g

義式蛋白霜……100g

┌ 水……40g

│ 細砂糖 A……120g

│ 蛋白……60g

└ 細砂糖 B……8g

杏仁牛奶漿……100g

牛奶……145g

片狀果膠 (用冰水泡軟)

　　……7.2g

白萊姆酒……5.4g

整體蛋糕組成・裝飾

《1 個份》

酵母蛋糕 (P.142)……1 個

Nagano 葡萄……4 塊切片

覆盆子……1 顆

覆盆子果醬 (P.151)……適量

鏡面果膠……適量

[結構圖]

杏仁牛奶慕斯

Nagano 葡萄

覆盆子

紅色果實果凍

紅色果實慕斯

紅酒糖漿 /
酵母蛋糕

[作法]

紅酒糖漿

1　於鍋中倒入紅酒、香草籽、肉桂棒、細砂糖、綜
合香料粉、柳橙後開啟爐火加熱。　A

2　待煮沸後關火，蓋上鍋蓋，使其靜置燜泡 30 分鐘。
待冷卻後，移放至冰箱冷藏一晚。

3　將步驟 **2** 材料放上爐火加熱至 55~60℃後，關閉爐
火，用濾網過濾至料理缽中。趁熱時進行材料組合 1
的步驟 **1** 動作。⇨Point ❶　B

Point ---

❶　糖漿的溫度大約落在 55~60℃。糖漿溫度若過低，
酵母蛋糕則無法吸附糖漿，但若溫度過高又會讓酵母
蛋糕變得黏糊，讓整個型體崩壞變形。

材料組合 1

1　與 P.37 的材料組合 1 步驟相同，準備酵母蛋糕，使其吸附糖漿 60g (這裡糖漿指的是紅酒糖漿)。之後，放到冰箱冷藏備用。　A–B

紅色果實慕斯

1　於攪拌缸中倒入鮮奶油，用網狀攪拌器打至 7 分發程度。

2　製作義式蛋白霜。在鍋中倒入水與細砂糖 A 並開啟爐火加熱至 116℃。

3　於攪拌缸中倒入蛋白，用網狀攪拌器攪拌至稍微打發後倒入細砂糖 B 持續攪拌。

4　再打發更多後，一邊持續攪拌一邊將步驟 **2** 材料慢慢少量倒入。待打發完全，鍋中溫度達到 40℃ 時，將攪拌缸從攪拌機上卸下，將蛋白霜移放至烤盤上，並將其稍微整平後放到冰箱冷藏。➪ Point ❶　A–B

5　在料理缽中倒入 3 種果泥，用微波爐加熱至 40℃ 左右。

6　在其他料理缽中加入用冰水泡軟的果膠，倒入少量的步驟 **5** 材料後用微波爐加熱，待果膠融化後即可。

7　將步驟 **6** 食材與剩餘的步驟 **5** 食材倒入另一個料理缽中混合攪拌，將料理缽底部浸泡在冰水中，一邊攪拌一邊使其冷卻至 18℃。　C

8　將冷卻後的義式蛋白霜取 100g 放入料理缽中，倒入部分步驟 **1** 材料進行混合攪拌，待混合完全後再將剩餘的步驟 **1** 材料全數倒入攪拌。接著，將步驟 **7** 材料慢慢少量倒入混合攪拌。➪ Point ❷　D–E

9　用擠花袋將材料各擠入 24g 於放有酵母蛋糕的玻璃杯內，將杯底輕敲工作檯讓慕斯表面平整後再放到冰箱冷藏。　F

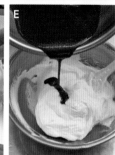

Point --

❶　義式蛋白霜需確實冷藏備用。製作慕斯時，若是在溫熱狀態與其他材料進行混合的話，會讓其型態變得不穩定。

❷　在比例調整上多下些功夫，作出適合用來製作玻璃杯甜點的軟硬度慕絲。然而，不可與酵母蛋糕的口感落差過大。

紅色果實果凍

1 於料理缽中倒入草莓果泥與覆盆子果泥，用微波爐加熱至 40℃左右。

2 於步驟 **1** 加入細砂糖、海藻糖、用冰水泡軟的果膠使其溶化混合。

3 於裝有酵母蛋糕與紅色果實慕斯的玻璃杯中用漏斗充填器各倒入 10g，接著放到冰箱冷藏凝固。

A

杏仁牛奶慕斯

1 於攪拌缸中倒入鮮奶油，用網狀攪拌器打至 7 分發程度。

2 與左頁的紅色果實慕斯的步驟 **2~4** 相同，製作義式蛋白霜並使其冷卻。

3 在料理缽中倒入杏仁牛奶漿與牛奶，用微波爐加熱至 40℃左右。

4 在步驟 3 材料中加入用冰水泡軟的果膠，缽盆底部浸泡在冰水中，一邊攪拌一邊使其冷卻至 18℃。

5 將冷卻後的義式蛋白霜取 80g 放入料理缽中輕拌打發，倒入部分步驟 **1** 材料進行混合攪拌，待混合完全後再將剩餘的步驟 **1** 材料全數倒入攪拌。

6 將步驟 **4** 材料慢慢少量倒入步驟 **5** 中混合攪拌。

7 用擠花袋將材料各擠入 8g 到直徑 4cm 的半球型烤模內，將表面整平後放到冰箱冷藏凝固。

材料組合 2・裝飾

1 將 Nagano 葡萄縱切成對半，再將部分再縱切對半。在覆盆子果粒的凹陷處用擠花袋擠上覆盆子果醬。　　A

2 在凝固成半球型的杏仁牛奶慕斯上淋上鏡面果膠。　　B

3 將步驟 **2** 材料擺放到裝有酵母蛋糕等材料的玻璃杯內，將 Nagano 葡萄切塊與擠上覆盆子果醬的覆盆子果粒作裝飾。　　C-D

《其他組合變化 ----- 玻璃杯裝蛋糕》

鐘琴
Carillon

紅茶與柳橙的搭配為此款甜點的主要風味。果凍與芭芭露亞上採用較為強烈的紅茶風味，為了柔和紅茶的茶澀味，搭配使用大量雞蛋做溫和風味的香草奶油。再添加優格製作香緹鮮奶油來增強酸味，使得整體風味獲得最佳平衡點。

春天
Printanière

此款甜點取名為法語的「春天」，用紅、白、綠代表春天氣息的視覺顏色搭配出來的杯裝甜點。以泰莓帶有的獨特花香為主軸，搭配使用紅色果實、椰子、開心果的香氣，呈現出恰到好處的春天風味。用果凍、慕斯、奶油等各種不同口感交疊而成，可享受各式風味的層次變化。

燕麥穀片 ——
杏桃果乾 ——
紅茶果凍 ——
綜合水果乾與堅果醬 ——
香草奶油 ——

—— 柳橙
—— 優格香緹鮮奶油
—— 紅茶芭芭露亞
—— 柳橙果凍

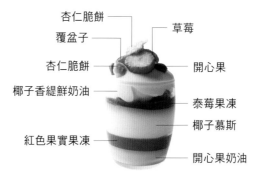

杏仁脆餅 ——
覆盆子 ——
杏仁脆餅 ——
椰子香緹鮮奶油 ——
紅色果實果凍 ——

—— 草莓
—— 開心果
—— 泰莓果凍
—— 椰子慕斯
—— 開心果奶油

《其他組合變化 ----- 薩瓦蘭蛋糕》

美好時光
Savarin beau temps

這是一款想像由春天轉成夏天季節的甜品。 以葡萄柚為主角，除了直接使用新鮮的葡萄柚之外，也用葡萄柚果泥來製作果凍與奶油。果凍則搭配使用 Rhubarb 提升酸度，奶油則搭配蜜桃增加甜度，再加上其他水果的相乘效果突顯葡萄柚的獨特風味。酵母蛋糕則是用白萊姆酒糖漿做成清爽口感。

紅與黑
Savarin rouge et noir

雖然與「紅酒薩瓦蘭蛋糕」(P.42) 相同讓酵母蛋糕飽滿吸附紅酒基底的糖漿來作搭配，但材料組合換成新鮮柳橙與滑順的柳橙奶油、蓬鬆爽口的巧克力香緹鮮奶油，變換出完全不同風格的甜點。這是一款表現微寒殘冬時節的風味甜點。

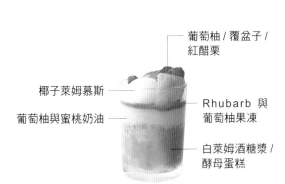

葡萄柚 / 覆盆子 / 紅醋栗
椰子萊姆慕斯
葡萄柚與蜜桃奶油
Rhubarb 與葡萄柚果凍
白萊姆酒糖漿 / 酵母蛋糕

覆盆子 / 柳橙 / 糖漬柳橙皮
巧克力香緹鮮奶油
柳橙
李子紅酒漬
柳橙奶油
紅酒糖漿 / 酵母蛋糕

發想自日式生乳酪蛋糕，
以白乳酪起司的慕斯為主角

以清爽慕斯為主軸而開發出來的迷你小蛋糕。參考日式
生乳酪蛋糕的手法，將白乳酪做成慕斯創造出輕盈感，
再搭配糖漬莫利洛黑櫻桃的紅色果實果凍隱藏在裡面，
更增添清爽不膩的口感。

夏慕尼
Chamonix

[材料]

糖漬莫利洛黑櫻桃

《容易製作的份量》

糖漿 (波美度 30)……450g

莫利洛黑櫻桃 (冷凍)

……450g

覆盆子果醬

《容易製作的份量》

覆盆子……500g

檸檬汁……20g

細砂糖……200g

果膠 (LMSN325)……8g

紅色果實果凍

《30 顆份》

黑醋栗果泥……55g

覆盆子果泥……55g

檸檬汁……5.5g

片狀果膠 (用冰水泡軟)

……1.8g

細砂糖……18g

覆盆子果醬……上記作法 110g

櫻桃酒……1.8g

白乳酪起司慕斯

《30 顆份》

蛋黃……115g

細砂糖……142g

熱水……43g

鮮奶油 (乳脂肪含量 35%)

……570g

檸檬汁……57g

櫻桃酒……7g

片狀果膠 (用冰水泡軟)

……16g

白乳酪……500g

酒糖液

《30 顆份》

糖漿 (波美度 30)……125g

煮沸過的冷水……85g

櫻桃酒……12.5g

整體蛋糕組成・裝飾

《1 個份》

杏仁餅 (P.134)……

用直徑 6cm 與直徑 3.5cm 中空烤
模壓出圓形杏仁餅各一片

香緹鮮奶油 (P.148)……30g

草莓 (切片)……2 片

覆盆子 (切對半)……1 切片

鏡面果膠……適量

[結構圖]

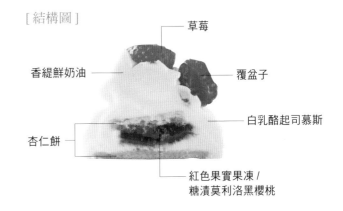

草莓

香緹鮮奶油

覆盆子

白乳酪起司慕斯

杏仁餅

紅色果實果凍 /
糖漬莫利洛黑櫻桃

[作法]

糖漬莫利洛黑櫻桃

1 於鍋中倒入糖漿，開啟爐火加熱。

2 待煮沸後關火，倒入裝有莫利洛黑櫻桃的料理鉢內，用保鮮膜密封後放到冰箱冷藏一晚。

A-B

覆盆子果醬

1　於鍋中倒入覆盆子與檸檬汁，開啟爐火，一邊攪　A~C
拌一邊加熱烹煮。待加熱至 40~50℃時倒入細砂糖與
果膠，再持續加熱攪拌至 Brix 糖度到達 58~60 為止。
⇨Point **1**

2　將煮好的果醬倒在烤盤上，並薄薄地延展開來使　D
其冷卻。

Point --

1　所有材料投入後加熱至 102℃，或是煮沸後再持
續烹煮 1 分 ~1 分半鐘時，大約可達 Brix 糖度 58~60。

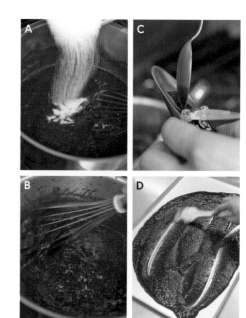

紅色果實果凍

1　於料理缽中倒入黑醋栗果泥、覆盆子果泥與檸檬
汁，用微波爐加熱至 40℃左右。

2　於步驟 **1** 加入用冰水泡軟的果膠與細砂糖，並攪　A
拌使其溶化混合。

3　依序將覆盆子果醬與櫻桃酒倒入混合攪拌。　　　B

材料組合 1

1　於直徑 4cm 的半球型烤模內分別倒入 8g 的紅色果　A
實果凍。

2　將糖漬莫利洛黑櫻桃用濾網過篩，將湯汁瀝乾。　B
於步驟 **1** 內分別擺放 3 顆黑櫻桃，接著放到冰箱冷凍
凝固。

白乳酪起司慕斯

1　於料理缽中倒入蛋黃與細砂糖，用打蛋器從底部
翻拌均勻。

2　於步驟 **1** 倒入煮沸的熱水，並放上爐火加熱，需　A~B
加熱至出現黏稠感為止。若加熱過頭會變成像是炒蛋
的狀態，需小心注意。

3 用濾網過篩後移放到攪拌缸內，接著用網狀攪拌器進行 C
攪拌。待攪拌至變白，撈起攪拌器可呈現一個大彎鉤時即攪
拌完成。攪拌完成的溫度大約落在 30~32℃。

4 在其他攪拌缸內再倒入鮮奶油，並用網狀攪拌器確實攪
拌至 9 分發為止。

5 於料理缽中放入檸檬汁、櫻桃酒、用冰水泡軟的果膠，
放到微波爐加熱至 40℃左右。⇨Point ❶

6 於其他料理缽中倒入白乳酪，將步驟 **3** 材料分成 2 次加 D
入，利用步驟 **3** 材料的餘熱將白乳酪軟化，每次加入後均須
攪拌均勻。

7 於步驟 **6** 中倒入步驟 **5** 材料進行混合攪拌。接著將步驟 E~F
4 材料分成 2~3 次分別倒入攪拌，再改用橡膠刮刀調整表面
平滑度。⇨Point ❷

Point --

❶ 用冰水泡軟的果膠，若單獨加熱的話原本吸附的水分
就會跑掉，變得難以溶解，所以與其他材料水分一起加熱的
話變得較易溶解。

❷ 混合白乳酪或果膠等材料的基底溫度達 24~26℃時，剛
好適合混合打發的鮮奶油。

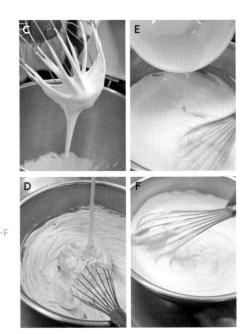

酒糖液

1 將所有材料混合攪拌。

材料組合 2・裝飾

1 將杏仁餅用直徑 6cm 與 3.5cm 的中空圓形烤模壓出圓形
杏仁餅。

2 於直徑 7.5x 高度 4cm 的半球狀烤模內用擠花袋將白乳
酪起司慕斯擠入至半球狀烤模之一半高度，接著用湯匙背面
將慕斯延展至烤模邊緣。

3 將直徑 3.5cm 的杏仁餅浸泡於酒糖液中，將杏仁餅的烘 A
烤面朝下擺放在步驟 **2** 材料的中央位置。

4 再將冷卻凝固後的紅色果實果凍以莫利洛黑櫻桃那面朝 B
上擺放在步驟 **3** 材料的中央位置，接著用手指輕輕地壓下。

5 再次擠入白乳酪起司慕斯，用湯匙背面再將表面抹平。 C
此時材料約達 9.5 分滿。

6 將直徑 6cm 的杏仁餅，與其烘烤面相反的那面用毛刷刷 D
上酒糖液，以烘烤面朝上擺放在步驟 **5** 材料上方。接著，放
到冰箱冷藏使其凝固。

7 將步驟 **6** 材料放到蛋糕轉台上，一邊適當地旋轉一邊用 E
抹刀抹上香緹鮮奶油。

8 使用聖多諾黑花嘴的擠花袋於最上方擠上香緹鮮奶油。 F

9 將切片的草莓與切成對半的覆盆子塗上鏡面果膠後裝飾
在步驟 **8** 材料上。

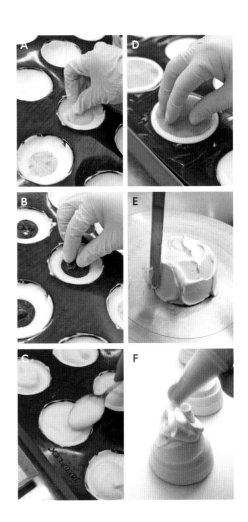

內層包裹著糖炒南洋水果醬，外層則是
以 cream chesse 為主體的清爽奶油醬

採用 cream chesse 製作的奶油醬，除了可明顯感受到
cream chesse 的風味外，為了想要呈現入口後仍保留
清爽口感，製作上完全不添加雞蛋。搭配使用兩種類型
的奶油需控制乳脂肪含量，提升保形性。甜點裏層則隱
藏包裹住糖炒鳳梨百香果醬，完美演繹夏日風情。

鳳梨起司塔
Barquette aux ananas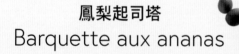

糖炒鳳梨百香果醬

《容易製作的份量》

鳳梨……150g

百香果……8g

百香果果泥……15g

蔗糖……12g

cream chesse 奶油醬

《長邊 10 x 短邊 4.4cm 的船型烤模 10 個
份》

cream chesse……175g

酸奶油……28g

細砂糖……35g

鮮奶油 A (乳脂肪含量 35%)……35g

鮮奶油 B (乳脂肪含量 45%)……140g

整體蛋糕組成・裝飾

《長邊 10 x 短邊 4.4cm 的船型烤模 1 個份》

法式甜塔皮 (P.138)……適量

杏仁奶油餡 (P.149)…… 12g

水果糖漿 *1……2g

百香果柳橙果醬 (參考 P.151)……2g

糖粉……適量

糖漬柳橙皮 *2……2~3 根

＊1 糖漿 (波美度 30)50g 與百香果果泥 12g、柳橙果
泥 12g 混合攪拌即可。

＊2 糖漿 (波美度 30) 與水採用 2:1 比例倒入鍋中，開
啟爐火加熱，待煮沸後再加入柳橙皮並持續烹煮至柔
軟為止。

糖漬柳橙皮

糖炒鳳梨

cream chesse 奶油醬

糖炒鳳梨百香果醬

[結構圖]

杏仁奶油餡

法式甜塔皮

[作法]

糖炒鳳梨百香果醬

1 將鳳梨切成一口大小 (參考 P.38)，百香果則切對　A
半，將果肉與籽取出。

2 於鍋中倒入步驟 **1** 的鳳梨，加入百香果果泥與蔗　B
糖後開啟爐火加熱。⇨Point ❶

3 煮一會後將步驟 **1** 的百香果果肉與籽加入並混合　C
攪拌，接著關閉爐火。⇨Point ❶

4 將煮好食材倒至烤盤上，靜置一段時間使其冷卻。　D

Point --

❶　水果主要是以未加工的新鮮水果為香氣來源，果
泥則是用來添加風味的。新鮮的百香果籽因含有果膠
所以帶有粘稠度。

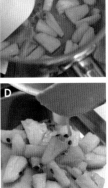

cream chesse 奶油醬

1 於攪拌缸內倒入 cream chesse、酸奶油、細砂糖，用槳狀攪拌器進行低速攪拌。 A

2 待全體攪拌均勻後再將鮮奶油 A 慢慢少量倒入，並同時持續攪拌。⇨Point ❶

3 將鮮奶油 B 的 1/3 量倒入後攪拌，改用網狀攪拌器，將剩餘的鮮奶油 B 倒入後進行攪拌。待攪拌至拉起奶油呈現挺立的狀態即攪拌完成。⇨Point ❶ B

Point --

❶ 因為沒有添加雞蛋，所以使用兩種不同的鮮奶油調整乳脂肪含量，以利提升保形性。

材料組合・裝飾

1 將法式甜塔皮擀成厚度 1.5mm，切成比起船型烤模 (長邊 10 x 短邊 4.4cm) 大兩倍的尺寸。⇨Point ❶

2 將步驟 **1** 材料擺放在船型烤模內，將相同尺寸的船型烤模重疊放置在上方後用手指按壓，接著將上方重疊的同尺寸烤模取下，用手指再按壓塔皮使其與烤模緊密貼合，超出烤模的塔皮則切除，接著放置冰箱冷藏。 A~B

3 將杏仁奶油餡裝入圓形花嘴的擠花袋內，將其擠入步驟 **2** 材料內，放到設定 160℃ 的旋風烤箱烘烤 20 分鐘。最後放在烤盤靜置冷卻。 C

4 將步驟 **3** 烤模卸下，船型塔上再用毛刷塗上水果糖漿。

5 將百香果柳橙果醬用擠花袋於上方擠出一條果醬，用抹刀將果醬抹開。 D

6 於步驟 **5** 材料上擺放一大匙糖炒鳳梨百香果醬，為了完全覆蓋果醬需再放上 40g 的 creamchesse 奶油醬。接著用抹刀塑型成山的形狀，並將表面抹成平滑狀態。⇨Point ❷ E~G

7 將糖粉用濾網過篩灑上，最上頭再擺放糖炒鳳梨 (將糖炒鳳梨百香果醬剔除百香果籽) 與糖漬柳橙皮。 H

Point --

❶ 採用船型烤模的設計，為了讓品嚐者可以一口塞滿，加強 cream chesse 的風味印象。

❷ 針對此款烤模，將 cream chesse 奶油醬設計使用較多量。相對地，擺放在中間內層的水果則扮演著提升風味的重要角色。

為了製作出美味甜點，
即便是小細節也是影響美味的重要關鍵！

---

① 盡可能將甜點配方數據化

為了讓多位廚房工作人員做出品質穩定的甜點，大家都可依據相同的基準來作業是很重要的。因此，甜點配方需盡可能地數據化呈現。例如，盡可能地不用「室溫」來表示，而是以 20~25℃ 等明確數值來作指示。還有，變得完全沒有水蒸氣 =40~45℃ 左右，對於狀態變化也是訂定與其相對應的大約數值。

② 多餘的水份需確實瀝乾

無論是用冰水泡軟的果膠、含水量較多的水果、浸漬在糖漿的水果都需要用紙巾確實將水分或湯汁完全吸附擦乾後才可使用。儘管是微量的水分差異，都可能會對風味或口感帶來極大的影響。

③ 使用雞蛋時務必過篩使用

為了將蛋殼或繫帶確實去除，使用雞蛋時務必過篩後使用。過篩的時機點，就是將雞蛋打散後或加熱後等。還有，未使用雞蛋的奶油也是需適當地過篩才能做出更加滑順的奶油。可以準備網孔大小不同的各式篩網，像是炸彈麵糊 (pâte à bombe) 特別使用網孔較細的濾網進行過篩，配合用途進行區分使用。

④ 基底做好後再進行混合

奶油與奶油、奶油與果泥等進行混合時需注意不要產生混合不均的現象。例如，混合 A 與 B 的材料時，首先將部分 B 材料加入 A 材料內進行混合，作好基底後再將剩餘的 B 倒入並持續混合攪拌。

⑤ 嚴禁將果泥過度加熱

果泥需活用它具有的天然原始風味，盡可能不加熱是基本原則。用來製作果凍時也只加熱到可讓果膠與細砂糖融化的程度而已。

⑥ 使用香緹鮮奶油時需重新打發

香緹鮮奶油經過一段時間放置後會稍微消泡，因此使用前或是使用中適當地重新打發，用最佳狀態來製作甜點。

使用新鮮水果與奶油
呈現充滿夏日氣息的黃色水果風味

使用新鮮的鳳梨、柳橙與芒果的組合搭配做出適合盛
夏的閃電泡芙。法式泡芙上方再覆上染成黃色的酥皮
進行烘烤，呈現出十足的夏天視覺效果。泡芙裡包夾
著卡士達醬裡還藏有果醬，提升果實風味。

黃色夏日泡芙
Éclair jaune

混合焦糖與巴薩米克醋，
加上糖炒草莓的濃密風味

於卡士達醬上頭疊放混合焦糖與巴薩米克醋風味的糖炒草莓，再點綴上香緹鮮奶油。香緹鮮奶油裡添加紅色果實風味做成輕盈口感。

草莓巴薩米克泡芙
Éclair fraise balsamique

黃色夏日泡芙　Éclair jaune

[材料]

烘烤法式泡芙

《容易製作的份量》

法式泡芙麵糊 (P.144)……適量 (1 個 35g)

酥皮麵團 (黃 / 12x2.5cm/P.144)……適量

百香果柳橙香緹鮮奶油

《10 個份》

香緹鮮奶油 (P.148)……300g

百香果柳橙果醬 (參考 P.151)……40g

整體蛋糕組成・裝飾

《1 個份》

柳橙……4~5 切塊

芒果……4~5 切塊

鳳梨……3 切塊

卡士達醬 (P.148)……30g

百香果柳橙果醬 (參考 P.151)……6g

糖粉……適量

百香果芒果與柳橙的法式水果軟糖……適量

[結構圖]

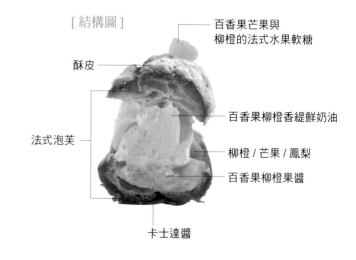

百香果芒果與
柳橙的法式水果軟糖

酥皮

法式泡芙

百香果柳橙香緹鮮奶油

柳橙 / 芒果 / 鳳梨

百香果柳橙果醬

卡士達醬

[作法]

烘烤法式泡芙

1 使用口徑 1.5cm 的圓形花嘴擠花袋擠出長 12cm 的泡芙麵糊並移放到烤盤上。

2 將酥皮麵團切成 12x2.5cm 大小，舖放到步驟 **1** 麵糊上。　A

3 使用上下火均設定 190℃的雙溫控烤箱烘烤 30 分　B 鐘，將上下火調降至 170℃後再烘烤 15 分鐘，接著打開風門再烘烤 15~20 分鐘。

百香果柳橙香緹鮮奶油

1 將材料混合攪拌均勻。　A~B

材料組合・裝飾

1 將柳橙與 P.31 相同方式作切塊處理。芒果與鳳梨則與 P.38 相同方式作切塊處理。

2 將法式泡芙橫切成對半,使用口徑 1.5cm 圓形花嘴的擠花袋將卡士達醬擠入下半部泡芙底座內。 A–B

3 將百香果柳橙果醬像是要埋入卡士達醬那般,用擠花袋擠出一直線的果醬。 C

4 將鳳梨與柳橙切塊瀝乾湯汁水分,排列擺放在步驟 **3** 材料上,接著也將芒果切塊擺上。 D

5 上半部泡芙則是過篩灑上糖粉,法式水果軟糖則用水飴(份量外)黏上。 E

6 將百香果柳橙的香緹鮮奶油用星形花嘴的擠花袋於步驟 **4** 材料上擠出皺褶狀的鮮奶油,最後上頭再擠上一條線後,將上半部泡芙蓋上。 F

閃電泡芙的創作概念

「想要讓客人同時品嚐到水果與奶油的甜點」,這就是我對於閃電泡芙基本的創作概念。這是用來表現季節感最合適的甜點項目。選擇時令水果,配合水果添加風味的香緹鮮奶油,再搭配果醬,立即快速提升水果感。雖然法式泡芙像是個盛裝食材的器皿,但也是可以享受品嚐的重要配角。加上一層酥皮或是點綴一些堅果進行烘烤的話,不僅是口感,連視覺上也都加分不少。

草莓巴薩米克泡芙 *Éclair fraise balsamique*

[材料]

烘烤法式泡芙

《容易製作的份量》

法式泡芙麵糊 (P.144)……適量 (1 個 35g)

酥皮麵團 (紅 / 12x2.5cm/P.144)……適量

糖炒草莓

《容易製作的份量》

草莓……380g

細砂糖……80g

奶油……25g

巴薩米克醋……2g

草莓香緹鮮奶油

《10 個份》

香緹鮮奶油 (P.148)……300g

草莓覆盆子黑醋栗果醬 (參考 P.151)

　　……40g

整體蛋糕組成・裝飾

《1 個份》

卡士達鮮奶油 (P.149)……25g

玫瑰花瓣……2 片

[結構圖]

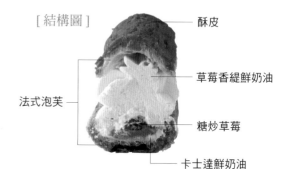

酥皮
草莓香緹鮮奶油
法式泡芙
糖炒草莓
卡士達鮮奶油

[作法]

烘烤法式泡芙

1　使用口徑 1.5cm 的圓形花嘴擠花袋擠出長 12cm 的泡芙麵糊並移放到烤盤上。

2　將酥皮麵團切成 12x2.5cm 大小，舖放到步驟 **1** 麵糊上。　A

3　使用上下火均設定 190℃的雙溫控烤箱烘烤 30 分鐘，將上下火調降至 170℃後再烘烤 15 分鐘，接著打開風門再烘烤 15~20 分鐘。　B

糖炒草莓

1　將草莓切除蒂頭後再將果肉切成各種形狀的塊狀。
⇨ Point ❶

2　將平底鍋加熱，放入少量細砂糖，待融化後再倒入少量的細砂糖，重複此作業直到細砂糖全數溶解為止。　A

3　持續加熱，待整體變成些許焦糖色後，關閉爐火，加入奶油與巴薩米克醋。　B

4　利用鍋內餘熱使奶油融化後，再次開啟爐火加熱，將步驟 **1** 材料倒入，用木鏟輕輕攪拌，用小火慢慢燉煮。⇨ Point ❷　C

5 待融化的細砂糖變成適當的粘度與顏色 (如照片 D) 後倒至淺盤內使其靜置冷卻。

D

Point ---

① 草莓切成各式各樣不同形狀，呈現出多種不同口感。

② 為了不讓焦糖煮焦掉，也想適當保留草莓的口感，所以用小火慢慢燉煮。

草莓香緹鮮奶油

1 將全部材料混合均勻。

A~B

材料組合・裝飾

1 將法式泡芙橫切對半，使用口徑 1.5cm 圓形花嘴的擠花袋將卡士達鮮奶油擠入下半部泡芙底座內，用抹刀在奶油醬上劃出一條溝。

A~C

2 將糖炒草莓瀝乾湯汁水分後，各擺放 30g 在奶油溝內。

D

3 將草莓香緹鮮奶油用星形花嘴的擠花袋擠上皺褶狀的鮮奶油，最後上頭再擠上一條線後，把上半部泡芙蓋上，玫瑰花瓣再用水飴 (份量外) 黏上作裝飾。

E~F

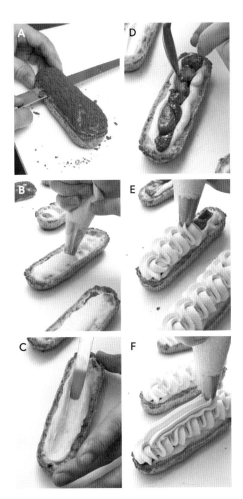

柿子泡芙
Éclair aux kakis

柿子糖炒過後更能凝聚風味。
添加柳橙凸顯柿子的風味輪廓。

使用兩種奶油包夾的柿子，因與柳橙皮及柳橙果汁一同拌炒使得柿子風味更加突出。而泡芙上頭不是覆蓋酥皮，是添加杏仁下去烘烤，除了提升口感之外，目標是想顯現香緹鮮奶油的焦糖風味。

以紅酒燉西洋梨為概念，
激盪出黑醋栗與西洋梨的完美結合

甜點上使用紅酒來燉煮的有很多都是搭配西洋梨。
因此，認為西洋梨是一種容易與含單寧酸素材結合
的食材，進而發想出與黑醋栗作搭配。西洋梨採用
新鮮水果，黑醋栗則使用果醬，連香緹鮮奶油也添
加黑醋栗風味。

西洋梨黑醋栗泡芙
Éclair poire cassis

柿子泡芙　*Éclair aux kakis*

[材料]

烘烤法式泡芙

《容易製作的份量》

法式泡芙麵糊 (P.144)
　　……適量 (1 個 35g)
杏仁薄片……適量
杏仁碎粒……適量
細砂糖……適量

糖炒柿子

《容易製作的份量》

柿子 (無籽)……2 顆
細砂糖……60g
奶油……16g
香草莢……1/6 根
柳橙汁……30g
柳橙柑橘醬 (P.151)……10g
柳橙皮……適量

焦糖香緹鮮奶油

《10 個份》

焦糖醬……55g
　鮮奶油 (乳脂肪含量 35%)……138g
　細砂糖……155g
　奶油……27g
　鹽……0.4g
香緹鮮奶油 (P.148)……280g

整體蛋糕組成・裝飾

《1 個份》

卡士達醬 (P.148)……25g
柳橙柑橘醬 (P.151)……4g

焦糖香緹鮮奶油
杏仁切片 / 杏仁碎粒

[結構圖]

法式泡芙

糖炒柿子
柳橙柑橘醬
卡士達醬

[作法]

烘烤法式泡芙

1　使用口徑 1.5cm 的圓形花嘴擠花袋擠出長 12cm 的
泡芙麵糊並移放到烤盤上。

2　於步驟 **1** 上灑上杏仁切片與杏仁碎粒，接著再放　A
上細砂糖。

3　使用上下火均設定 190℃的雙溫控烤箱烘烤 30 分　B
鐘，將上下火調降至 170℃後再烘烤 15 分鐘，接著打
開風門再烘烤 15~20 分鐘。

糖炒柿子

1　將柿子切除蒂頭削皮，並將芯部挖除。接著將果
肉切成月牙形 8 等份。

2　將平底鍋加熱，放入少量細砂糖，待融化後再倒入
少量的細砂糖，重複此作業直到細砂糖全數溶解為止。

3　持續加熱，待整體變成些許焦糖色後，加入奶油　A
與香草莢。

4　待奶油融化後加入步驟 **1** 材料，用橡膠刮刀輕輕　B
攪拌。

5　依序將柳橙汁與柳橙柑橘醬倒入混合，待溶解的細　C
砂糖變成適當黏度與色澤後即可關火。⇨Point ❶❷

6 將柳橙皮刨削加入後進行混合攪拌。攤放在烤盤
上，使其靜置一段時間冷卻。

Point --

① 柿子加熱後也不太會跑出水分，因此為了不讓焦
糖顏色過於濃厚，添加柳橙汁來補充水分，亦有增添
柳橙風味的作用。

② 用平底鍋大火加熱後，利用餘熱讓柿子內部熟透
的概念。放入柿子後到關火，大約是 3~4 分左右。

焦糖香緹鮮奶油

1 將全部材料混合均勻。

2 於其他鍋中倒入少量的細砂糖後使用爐火加熱。一 A
邊時常搖晃鍋子一邊加熱，溶解後再倒入少量細砂糖，
多次重複此動作直到全部的細砂糖溶解為止。等到顏
色變成像是照片 A 時即暫時關火。

3 再靜置等候一陣子讓鍋內餘溫持續加熱，細小泡 B
沫逐漸浮現出來。此時倒入奶油進行混合攪拌，接著
倒入少量的步驟 1 材料進行混合。

4 將剩餘的步驟 1 材料倒入，再次開啟爐火加熱並 C-D
混合攪拌。待全體攪拌均勻後再關火，加入鹽巴攪拌。
將鍋子底部浸泡在冰水中，經常攪拌使其冷卻。

5 製作焦糖香緹鮮奶油。在料理缽中倒入焦糖醬，將
香緹鮮奶油分成兩次加入，每次加入後均須攪拌均勻。

材料組合・裝飾

1 將法式泡芙橫切對半，使用口徑 1.5cm 圓形花嘴 A
的擠花袋將卡士達醬擠入下半部泡芙底座。

2 將柳橙柑橘醬像是要埋入奶油般用擠花袋擠成一直 B
線。

3 將糖炒柿子瀝乾湯汁水分後，再切成對半，於步 C
驟 **2** 上各擺放 6~7 個切塊。

4 將焦糖香緹鮮奶油用星形花嘴的擠花袋擠上皺褶 D
狀的鮮奶油，最後上頭再擠上一條線後，接著把上半
部泡芙蓋上即可。

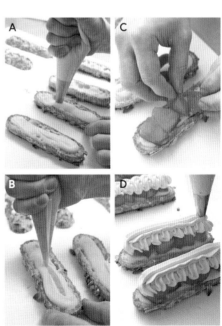

西洋梨黑醋栗泡芙 Éclair poire cassis

[材料]

烘烤法式泡芙

《容易製作的份量》

法式泡芙麵糊 (P.144)……適量 (1 個 35g)

酥皮麵團 (白 / 12x2.5cm/P.144)……適量

黑醋栗香緹鮮奶油

《10 個份》

香緹鮮奶油 (P.148)……300g

黑醋栗果醬 (P.151)……40g

整體蛋糕組成・裝飾

《1 個份》

西洋梨……5~6 切塊

糖漿 *……適量

卡士達醬 (P.148)……30g

黑醋栗果醬 (P.151)……6g

＊檸檬汁 5g 與糖漿 (波美度 30)100g 混合。

[結構圖]

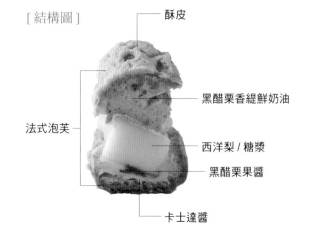

酥皮
黑醋栗香緹鮮奶油
法式泡芙
西洋梨 / 糖漿
黑醋栗果醬
卡士達醬

[作法]

烘烤法式泡芙

1 使用口徑 1.5cm 的圓形花嘴擠花袋擠出長 12cm 的泡芙麵糊並移放到烤盤上。

2 將酥皮麵團切成 12x2.5cm 大小，舖放到步驟 **1** 麵糊上。

3 使用上下火均設定 190℃的雙溫控烤箱烘烤 30 分鐘，將上下火調降至 170℃後再烘烤 15 分鐘，接著打開風門再烘烤 15~20 分鐘。照片 A 為烘烤完成狀態。

A

黑醋栗香緹鮮奶油

1 將全部材料混合攪拌。

A~B

材料組合・裝飾

1 將西洋梨削皮後切成 4 等份，並將芯部切除。將   A~C
果肉切成 2~3cm 左右的塊狀大小，浸泡在糖漿中。

2 將法式泡芙橫切對半，使用口徑 1.5cm 圓形花嘴   D-E
的擠花袋將卡士達醬擠入下半部泡芙底座。

3 將黑醋栗果醬像是要埋入奶油般用擠花袋擠成一   F
直線。

4 將步驟 **1** 的西洋梨瀝乾湯汁水分後，擺放於步驟 **3**   G
材料上。

5 將黑醋栗香緹鮮奶油用星形花嘴的擠花袋擠上皺   H
褶狀的鮮奶油，上頭再擠上一條線狀奶油，接著把上
半部泡芙蓋上即可。

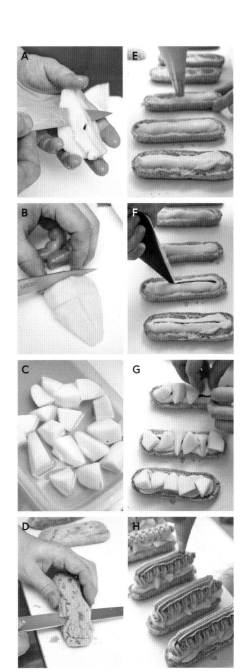

水果 x 水果的搭配概念

近幾年開始關注的是「風味的
減算法」。這並非意指單純地
將使用的素材數量減少，而是
利用其他素材將某樣素材多餘
的味道抵消掉，也就是「利用
加乘效果產生的減算法」。例
如在「柿子泡芙」裡，柿子與
柳橙風味加乘後，讓原本模糊

不易識別的柿子風味立即鮮明並凸顯出來。其他像
是以葡萄柚為主角的甜點會搭配使用無花果，藉此
可緩和葡萄柚的苦澀，同時也可讓無花果像是土臭
味的氣味減輕。搭配組合素材時，往往容易執著於
「一定要讓各種食材風味都能明顯凸顯出來」，但
只要思考著藉由素材的組合搭配達到的目的或效果
並非只有一個的話，這樣甜點的創作發想就能寬廣
許多。

櫻桃椰子聖多諾黑泡芙
Saint-Honoré cerise coco

凝聚櫻桃的酸甜風味，
並增添椰子香氣

美國櫻桃 X 椰子，是以前店家曾經使用在聖代
的材料組合搭配，將帶有椰子香氣獨特微妙甜
味的香緹鮮奶油佐上糖炒櫻桃的酸甜滋味。

[材料]

烘烤法式泡芙

▶ 環狀基座《容易製作的份量》

法式塔皮麵團 (直徑 6cm x 厚 1.5mm/P.140)……適量

法式泡芙麵糊 (P.144)……適量 (1 個 12g)

▶ 小泡芙《容易製作的份量》

法式泡芙麵糊 (P.144)……適量 (1 個 4g)

酥皮麵團 (白 / 直徑 2.3cm/P.144)……適量

椰子香緹鮮奶油

《容易製作的份量》

白巧克力……165g

鮮奶油 A(乳脂肪含量 35%)……110g

椰蓉粉……12g

片狀果膠 (用冰水泡軟)……2g

轉化糖……12g

水飴……12g

鮮奶油 B(乳脂肪含量 35%)……260g

糖炒美國櫻桃

《5 個份》

美國櫻桃……10 顆

細砂糖……30g

檸檬汁……4g

整體蛋糕組成・裝飾

《1 個份》

卡士達鮮奶油 (P.149)……適量

酸櫻桃果醬 (P.151)……適量

[結構圖]

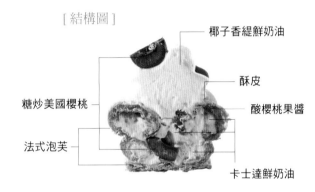

椰子香緹鮮奶油

酥皮

酸櫻桃果醬

糖炒美國櫻桃

法式泡芙

卡士達鮮奶油

[作法]

烘烤法式泡芙

1　製作環狀基底：於舖放烘焙紙的烤盤上擺放塑型為直徑 6cm x 厚 1.5mm 的法式塔皮麵團，使用口徑 1cm 的圓形花嘴擠花袋將法式泡芙麵糊於塔皮麵團上擠成環狀。　A

2　製作小泡芙：使用口徑 1cm 的圓形花嘴擠花袋將法式泡芙麵糊擠成圓型擺放在舖放烘焙紙的烤盤上。麵糊上再擺放塑型成直徑 2.3cm 的酥皮麵團。共需準備三顆。　B

3　將步驟 **1** 與 **2** 放入上下火均設定 190℃的雙溫控烤箱烘烤 20 分鐘，將上下火調降至 170℃後再烘烤 10 分鐘，接著打開風門再烘烤 10 分鐘。　C~D

椰子香緹鮮奶油

1　於料理缽中倒入白巧克力，用隔水加熱方式使其融化。

2　於鍋中倒入鮮奶油 A 並開啟爐火加熱。

3　待步驟 **2** 材料煮沸後關火，倒入椰蓉粉，蓋上　A
鍋蓋使其浸泡 10 分鐘。

4　將步驟 **3** 用濾網過濾後倒入步驟 **1** 材料中，並　B
加入用冰水泡軟的果膠、轉化糖、水飴進行混合攪拌。

5　待全體攪拌均勻後，倒入鮮奶油 B 作混合攪拌，　C~D
接著放到保存容器內，放置到冰箱冷藏一晚。

糖炒美國櫻桃

1　將美國櫻桃用刀直立劃開一圈切成對半，取出　A~B
櫻桃籽。

2　於鍋中倒入步驟 **1** 材料、細砂糖、檸檬汁後開啟　C~D
爐火加熱，待細砂糖溶解、美國櫻桃稍微煮出透明
感後關火。攤放到烤盤上，使其靜置一段時間冷卻。

材料組合·裝飾

1 　將基底的環型泡芙用小型圓狀花嘴等工具挖出　A–C
三個小洞，每個小洞都用圓形花嘴擠花袋擠入卡士
達鮮奶油。中央凹陷處也同樣擠入卡士達鮮奶油。

2 　小泡芙的底部也是與步驟 **1** 相同挖一小洞，用　D–E
擠花袋將酸櫻桃果醬擠入洞內，接著用圓形花嘴擠
花袋將卡士達醬也擠入。

3 　於步驟 **1** 基底的中央擺放糖炒美國櫻桃 2 切塊，　F
上頭再擠滿卡士達鮮奶油使中央隆起。

4 　像要使基底環狀泡芙的三個孔洞隱藏般，將步　G
驟 **2** 小泡芙擺放在孔洞上，與中央的卡士達鮮奶油
緊密貼合，使其固定。

5 　將椰子香緹鮮奶油放入攪拌缸內，用網狀攪拌　H
器將鮮奶油打發至挺立為止。

6 　將步驟 **5** 裝入星型花嘴擠花袋內，於小泡芙間　I–J
由下而上擠出直立線條的鮮奶油。中間也是擠上滿
滿鮮奶油做出隆起狀，最後再擺放 2 塊糖炒美國櫻
桃作裝飾。

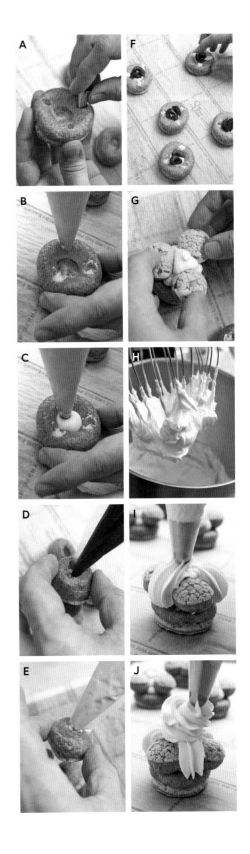

突顯栗子風味的果凍是關鍵。
西洋梨與栗子的交疊組合呈現秋季風味。

栗子果凍與西洋梨果凍層層交疊，基底中央擺放糖炒西洋
梨，佐上栗子香緹鮮奶油與小泡芙作裝飾。栗子與西洋梨
帶有纖細風味的同類素材連袂合作，激盪出新式風味。

西洋梨栗子聖多諾黑泡芙
Saint-Honoré poire marron

[材料]

烘烤法式泡芙

▶環狀基座《容易製作的份量》
法式塔皮麵團 (直徑 6cm x 厚 1.5mm/P.140)
　⋯⋯適量
法式泡芙麵糊 (P.144)⋯⋯適量 (1 個 12g)
▶小泡芙《容易製作的份量》
法式泡芙麵糊 (P.144)⋯⋯適量 (1 個 4g)

糖炒西洋梨

《容易製作的份量》
西洋梨⋯⋯1 顆
奶油⋯⋯5g
香草莢⋯⋯1/6 根
細砂糖⋯⋯25g
鹽⋯⋯1 撮

西洋梨果凍

《10x10cm 果凍模具 1 個》
西洋梨果泥⋯⋯100g
片狀果膠 (用冰水泡軟)⋯⋯2g
細砂糖⋯⋯14g
西洋梨白蘭地⋯⋯3g
檸檬汁⋯⋯4g

栗子果凍

《10x10cm 果凍模具 1 個》
片狀果膠 (用冰水泡軟)⋯⋯1.2g
水⋯⋯30g
栗子醬⋯⋯50g
栗子泥⋯⋯50g
細砂糖⋯⋯10g

栗子卡士達醬

《6 個份》
栗子醬⋯⋯70g
卡士達醬 (P.148)⋯⋯130g

栗子香緹鮮奶油

《6 個份》
栗子果凍⋯⋯60g
┌ 片狀果膠 (用冰水泡軟)⋯⋯5.4g
│ 水⋯⋯100g
│ 栗子醬⋯⋯110g
│ 栗子泥⋯⋯110g
└ 細砂糖⋯⋯40g
香緹鮮奶油 (P.148)⋯⋯180g

[結構圖]

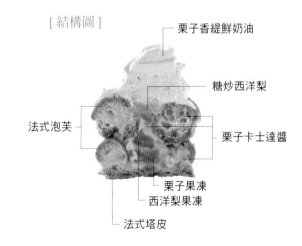

栗子香緹鮮奶油
糖炒西洋梨
栗子卡士達醬
法式泡芙
栗子果凍
西洋梨果凍
法式塔皮

[作法]

烘烤法式泡芙

1　製作環狀基底：於舖放烘焙紙的烤盤上擺放塑型為直徑 6cm x 厚 1.5mm 的法式塔皮麵團，使用口徑 1cm 的圓形花嘴擠花袋將法式泡芙麵糊於塔皮麵團上擠成環狀。

2　製作小泡芙：使用口徑 1cm 的圓形花嘴擠花袋將法式泡芙麵糊擠成圓型擺放在舖放烘焙紙的烤盤上，共需準備三顆。

3　將步驟 **1** 與 **2** 放入上下火均設定 190℃的雙溫控烤箱烘烤 20 分鐘，將上下火調降至 170℃後再烘烤 10 分鐘，接著打開風門再烘烤 10 分鐘。

糖炒西洋梨

1 將西洋梨削皮,用刀直立切成 4 等份,取出芯部。 A~B
每等份再直切成 3 等份後,每塊切成 2~3cm 塊狀。

2 將平底鍋放上爐火加熱,倒入奶油,待奶油融化後
倒入西洋梨切塊與香草莢,使西洋梨整體沾滿奶油。

3 待全體融合後倒入細砂糖,一邊使其溶解一邊使 C
西洋梨全體都沾附到。⇨ Point ❶

4 加入鹽混合攪拌後關火,攤放到烤盤上,使其靜 D
置一段時間冷卻。

Point --

❶ 加入細砂糖,目的是為了增添西洋梨的甜味。因
此無須加熱至焦糖狀。

西洋梨果凍

1 於料理鉢內放入西洋梨果泥,用微波爐加熱至
40℃。

2 倒入用冰水泡軟的果膠與細砂糖混合攪拌,接著將 A
西洋梨白蘭地與檸檬汁倒入混合攪拌。

3 倒入底部鋪有保鮮膜的 10x10cm 果凍模具內,放 B
置冰箱冷凍凝固。

栗子果凍

1 於料理鉢中倒入用冰水泡軟的果膠與水,放進微
波爐加熱使果膠融化。

2 於其他料理鉢內倒入栗子醬與栗子泥混合攪拌,再 A~B
依序將細砂糖與步驟 **1** 材料倒入混合攪拌。

3 於裝有西洋梨果凍的果凍模具內再倒入步驟 **2** 材 C~D
料,表面用刮刀抹平後再次放入冰箱冷凍凝固。
⇨ Point ❶

Point --

❶ 由於想將栗子風味盡可能地原始呈現,因此關於
可與哪些材料作組合搭配進行了研究。若是與奶油混
合等方式的話會讓栗子風味變淡,所以使用簡單材料
做成果凍凝固,做出像是羊羹般的材料組合。

栗子卡士達醬

1 於料理鉢中倒入栗子醬,將卡士達醬慢慢少量加　A~B
入,每次加入後像是把栗子醬延展般地作混合攪拌。

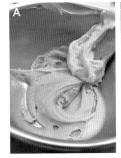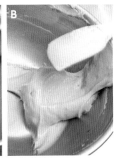

栗子香緹鮮奶油

1 依 P.73 的材料、份量,使用與左頁相同的方式製
作栗子果凍。

2 將步驟 **1** 材料與香緹鮮奶油進行混合攪拌。　　A~B

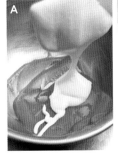

材料組合・裝飾

1 將基底的環型泡芙用小型圓狀花嘴等工具挖出三　A
個小洞,每個小洞都用圓形花嘴擠花袋擠入栗子卡士
達醬。中央凹陷處也同樣擠入卡士達醬。

2 小泡芙的底部也是與步驟 **1** 相同挖一小洞,用圓形　B
花嘴擠花袋將栗子卡士達醬也擠入。

3 將重疊冷凍凝固的西洋梨果凍與栗子果凍切成　C~E
1.5cm 塊狀,於步驟 **1** 基底的中央將西洋梨果凍朝上
方式擺放,上頭再擠滿栗子卡士達醬使中央隆起。

4 像要將基底環狀泡芙的三個孔洞隱藏般,將步驟 **2**
小泡芙擺放在孔洞上,與中央的卡士達醬緊密貼合,
使其固定。中間再擺上糖炒西洋梨 2~3 塊切塊。

5 將栗子香緹鮮奶油裝入星型花嘴擠花袋內,於小泡　F
芙間由下而上擠出直立線條的鮮奶油。中間也是擠上
滿滿栗子香緹鮮奶油做出隆起狀,最後再擺放 2 塊糖
炒西洋梨作裝飾。

《 其他組合變化 ----- 閃電泡芙 》

園藝大師
Éclair jardinage

開心果的香緹鮮奶油與芭芭露亞，搭配紅色果實的芭芭露亞，享受滑順口感並具有深度的風味。從最下層可看到新鮮水潤的草莓，緊接的是泰莓果醬帶有花香般的香氣輕輕地飄散出來。其中最具特色的是，兩種芭芭露亞的組合設計。為了使客人可感受到兩款芭芭露亞各自的風味又要使兩者風味融合，將其重疊冷藏凝固後再切成條狀，並橫向擺放在內。

晴空
Éclair ensoleillé

與「園藝大師 Éclair jardinage」採用兩種芭芭露亞相同手法，將巧克力奶油與堅果糖的芭芭露亞作橫向擺放在香緹鮮奶油下，於口中完美融合，濃厚風味隨之擴散開來。法式泡芙與法國薄餅碎片的清脆口感與奶油的柔滑順口形成對比，也是此款甜點的獨特魅力。

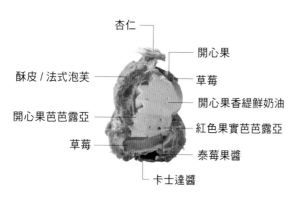

杏仁

酥皮 / 法式泡芙

開心果

草莓

開心果香緹鮮奶油

開心果芭芭露亞

紅色果實芭芭露亞

草莓

泰莓果醬

卡士達醬

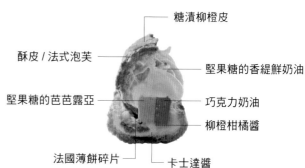

糖漬柳橙皮

酥皮 / 法式泡芙

堅果糖的香緹鮮奶油

堅果糖的芭芭露亞

巧克力奶油

柳橙柑橘醬

法國薄餅碎片

卡士達醬

《其他組合變化 ----- 聖多諾黑泡芙》

Matin 聖多諾黑泡芙
Saint-Honoré matin

使用馬卡龍做出獨創甜點「AM 時光 Matin」(P.94)
的聖多諾黑泡芙版。在此將優格果凍放在中間，下
方搭配百香果與杏桃果凍，使用帶有柳橙香氣的白
巧克力香緹鮮奶油作裝飾。小泡芙裡頭充填著百香
果柳橙的奶油與果醬。

開心果聖多諾黑泡芙
Saint-Honoré pistache

這是一款想像新綠季節創作的聖多諾黑泡芙，帶有
層次風味的開心果，疊上覆盆子與酸櫻桃的酸甜滋
味。酸櫻桃再加點小技巧，將水潤感與濃縮感合併
一起做成糖漬手法，與覆盆子紅醋栗果凍一起放在
泡芙中間位置。小泡芙裡則會跑出覆盆子果醬與開
心果卡士達醬。

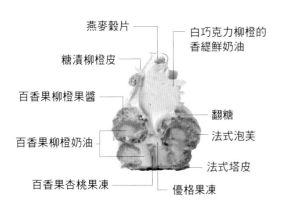

燕麥穀片
白巧克力柳橙的香緹鮮奶油
糖漬柳橙皮
百香果柳橙果醬
翻糖
百香果柳橙奶油
法式泡芙
法式塔皮
百香果杏桃果凍
優格果凍

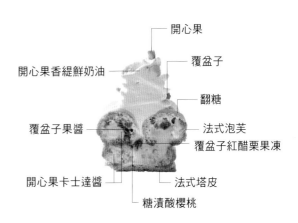

開心果
開心果香緹鮮奶油
覆盆子
翻糖
覆盆子果醬
法式泡芙
覆盆子紅醋栗果凍
開心果卡士達醬
法式塔皮
糖漬酸櫻桃

大黃 x 草莓
創造出充滿魅力的酸甜滋味

無論是從顏色或纖維質感的相似度來看都是十分合適的兩個食材，大黃與草莓一起做成糖煮水果後再加工成片狀果凍。具有明顯酸味的大黃因草莓的搭配適當地緩和酸度，再與帶有層次風味的卡士達鮮奶油作協調搭配。

蜜絲特拉 · 拿破崙蛋糕
Mille-feuille mistral

新鮮的、酒漬的、糖煮的。
讓不同製作手法的無花果一次滿足。

無花果像土壤般獨特的自然清香與濃厚的奶油是十分
搭配的。然而，若是只有採用新鮮無花果的話味道的
印象就會比較薄弱，所以也搭配使用用櫻桃利口酒作
調合或是做成糖煮的無花果，呈現出絲毫不遜色於濃
厚奶油的強勁風味。

焦糖無花果・拿破崙蛋糕
Mille-feuille figue caramel

蜜絲特拉・拿破崙蛋糕 Mille-feuille mistral

[材料]

糖煮大黃

《容易製作的份量》

大黃……300g

水……少量

檸檬汁……30g

細砂糖……45g

大黃草莓果凍

《8 個份》

糖煮大黃……依上記製作方式取 40g

片狀果膠 (用冰水泡軟)……1.6g

細砂糖……2.8g

草莓……62g

百香果柳橙香緹鮮奶油

《8 個份》

百香果柳橙果醬 (參考 P.151)……30g

香緹鮮奶油 (P.148)……210g

整體蛋糕組成・裝飾

《1 個份》

千層派皮 (9x3cm/P.135)……2 片

卡士達鮮奶油 (P.149)……40g

草莓 (切片)……2 片

鏡面果膠……適量

[結構圖]

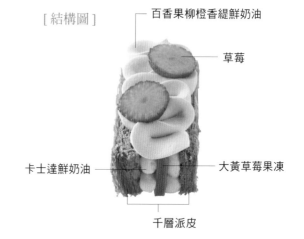

百香果柳橙香緹鮮奶油

草莓

卡士達鮮奶油

大黃草莓果凍

千層派皮

[作法]

糖煮大黃

1 將大黃尾端較硬的部分切除，再切成寬度 1.5~2cm 的塊狀。

2 將步驟 **1** 放入鍋中，倒入水與檸檬汁、細砂糖後 A 加熱。適時地蓋上鍋蓋，讓大黃煮熟。

3 待大黃煮到某種程度的軟度後，一邊攪拌加熱一 B 邊將其搗碎。移到料理缽中，趁溫熱時做成果凍。

大黃草莓果凍

1 趁糖煮大黃還溫熱時倒入用冰水泡軟的果膠與細 A 砂糖進行攪拌溶解。

2 草莓則切成適當大小的片狀，放到具有一點高度的 B 容器內。

3 將步驟 **1** 材料加到步驟 **2** 內，用手持式攪拌棒將 C
大黃纖維切斷打碎，接著移到料理缽中，將缽盆底部
浸泡在冰水內，一邊攪拌一邊使其冷卻。

4 於烤盤上貼上不沾模，將 18x12cm 的果凍模具放 D
在烤盤上，把步驟 **3** 材料倒入模具內，放到冰箱冷凍
凝固。

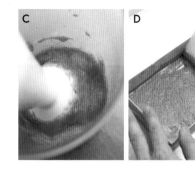

百香果柳橙香緹鮮奶油

1 將所有材料混合攪拌。

材料組合‧裝飾

1 將切成 9x3cm 千層派皮的烘烤面朝下擺放，使用 A
口徑 1.3cm 圓形花嘴擠花袋擠上兩條卡士達鮮奶油。
此材料準備兩份。

2 將冷凍凝固的大黃草莓果凍切成 9x3cm 大小，於 B~D
步驟 **1** 材料上擺放一塊果凍。上方再將步驟 **1** 的另一
塊千層派皮，以卡士達鮮奶油朝下方式覆蓋於果凍上，
就變成用奶油夾著果凍的夾心千層派形態。

3 將步驟 **2** 材料橫向擺放，上方再用玫瑰花嘴的擠花 E~F
袋將百香果柳橙香緹鮮奶油擠上 30g。將草莓切片塗
上鏡面果膠後於上方擺放作裝飾。

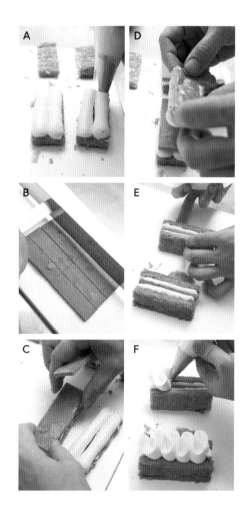

焦糖無花果・拿破崙蛋糕 Mille-feuille figue caramel

[材料]

糖煮無花果

《容易製作的份量》

乾燥無花果……約 10 顆

糖漿 (波美度 30)……200g

水……40g

焦糖香緹鮮奶油

《8 個份》

焦糖醬……40g

> 鮮奶油 (乳脂肪含量 35%)……135g
> 細砂糖……150g
> 奶油……25g
> 鹽……0.4g

香緹鮮奶油 (P.148)……200g

酒漬無花果

《容易製作的份量》

無花果 (新鮮……適量

櫻桃酒……適量

糖粉……適量

整體蛋糕組成・裝飾

《1 個份》

千層派皮 (9x3cm/P.135)……2 片

卡士達鮮奶油 (P.149)……40g

紅醋栗果醬 (參考 P.151)……適量

無花果 (新鮮 / 切成月牙狀)……2 切片

[結構圖]

無花果 (新鮮)

焦糖香緹鮮奶油

紅醋栗果醬

卡士達鮮奶油 /
酒漬無花果 /
糖煮無花果

千層派皮

[作法]

糖煮無花果

1　將乾燥無花果中間橫向切開後再切成對半。　A

2　於鍋中倒入糖漿與水，再加入步驟 **1** 材料後加熱。　B
待煮沸後轉成小火燉煮 3~4 分鐘。關閉爐火，使其靜
置冷卻。

焦糖香緹鮮奶油

1　製作焦糖醬。於鍋中倒入鮮奶油加熱。

2　在其他鍋中倒入少量細砂糖加熱，加熱時需經常搖　A
晃鍋子。待溶解後再加入少量細砂糖，重覆此動作直
到細砂糖全部溶解為止。待煮到照片 A 的顏色時暫時
關火，停止加熱。

3　使其靜置一下後，利用鍋中餘熱持續加熱，慢慢地
會浮現出細小氣泡。此時倒入奶油，接著將步驟 **1** 材
料少量加入混合。

4 將剩餘的步驟 **1** 材料倒入，再次開啟爐火加熱攪
拌。待整體混合完全後關火，加入鹽混合攪拌。將底
部浸泡在冰水中經常攪拌使其冷卻。

B~C

5 製作焦糖香緹鮮奶油。於料理鉢中倒入焦糖醬，將
香緹鮮奶油分成兩次倒入混合，每次倒入時均需攪拌
均勻。

D

酒漬無花果

1 將無花果頭部切除後，含皮的狀態下直切對半，
再切成 5mm 大小的塊狀。移到料理鉢中倒入櫻桃酒
混合攪拌，再灑上糖粉攪和，之後使其大約靜置 10
分鐘。

A~B

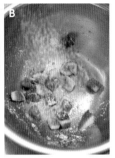

材料組合・裝飾

1 將糖煮無花果瀝乾湯汁，切成 5mm 大小的塊狀。

2 將 1 片切成 9x3cm 千層派皮的烘烤面朝下擺放，
使用口徑 1.3cm 圓形花嘴擠花袋擠上兩條卡士達鮮奶
油。

A

3 將酒漬無花果的湯汁瀝乾，將此材料與步驟 **1** 材料
各放 4 塊切片交錯排列在步驟 **2** 上。

B

4 於步驟 **3** 上擠上 2 條卡士達鮮奶油，將 1 片千層
派皮以烘烤面朝上疊放覆蓋在卡士達鮮奶油上。

C~D

5 將步驟 **4** 橫向倒放，於卡士達醬的連接處用擠花袋
擠上一條紅醋栗果醬。

E

6 上方再用星形花嘴擠花袋將焦糖香緹鮮奶油擠上
30g，最後用切成半月形的新鮮無花果作裝飾。

F

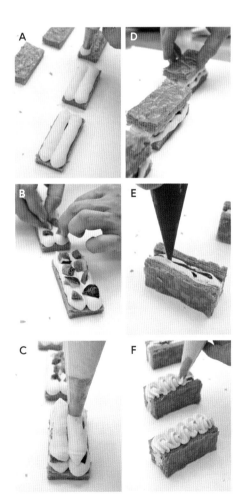

《其他組合變化 ----- 拿破崙蛋糕》

巧克力拿破崙蛋糕
Mille-feuille au chocolat

這是一款不使用水果的簡單拿破崙蛋糕，以英式蛋奶醬為基底的巧克力奶油做成夾心內餡外層為千層派皮。奶油則是用片狀果膠固化，提高保形性之外，在調配比例上作微妙調整使其也能呈現易溶於口。在開發階段，也曾研究過混合巧克力的卡士達醬與千層派皮的組合，但由於口感過於厚重，因此最後採用英式蛋奶醬基底的巧克力奶油。

蝸牛拿破崙蛋糕
Mille-feuille escargot

法式奶油霜搭配檸檬奶油，以檸檬酸味做出清爽口感的穆斯林奶油餡，外層再用千層酥皮作夾心。於下層的奶油之間，將果乾堅果醬厚厚地塗上一層，除了增添濃縮水果風味外，亦可增加不同口感變化。上頭再用糖粉做出圓點模樣，設計成可愛造型。

巧克力奶油 —— 千層派皮

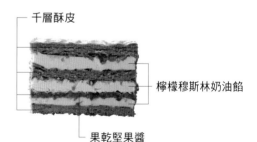

千層酥皮

檸檬穆斯林奶油餡

果乾堅果醬

等我意識到時，工作人員清一色都是女性

　　現在包括我在內，在廚房工作的共有7位人員。前台有一位專屬的工作人員外，其他會依時間輪排一位廚房人員到前台支援。關於副主廚，於生菓子與燒菓子各安排一位負責擔當。因為我認為若有一個可以互相交換意見、同等立場的人，彼此可以更容易激盪出使工作推動更加流暢的想法或是甜點創作的想法。

　　現今社會好像有很多甜點店都煩惱著「人手不足」的問題，關於此部分，現在我們店很幸運地沒有這個問題。只是未來當本店要擴大規模之際，我想屆時可能需要增加新的戰力。採用與否雖然是透過面試來決定，但基本上只會應聘具有烘焙經驗的人員。這並非只是為了可以即時成為戰力的人員，而是希望透過對照其他甜點店的工作經驗來學習新的烘焙作業，原來還有這種方式，還有那樣的技巧等，從各式各樣的角度學習到新的工作技能。

　　現在工作人員除了我自己以外，其他清一色都是女性。雖然這是不經意變成這樣的結果，或許有部分是我有意識地希望能成為以女性為中心也能順利地將甜點店經營起來，並且致力於打造出讓女性職員覺得舒適的工作環境。從甜點店創立階段開始，便設想過將來有機會成為女性活躍的職場。例如，將廚房工作細分各種職務的話，每位工作人員都需要學習至少三種以上的職務。這是為了讓大家作為一個團隊可以互相幫助的施策之一。不僅是這樣的組織機制，連微小的事也很重要。每天，於工作之後一定要將甜點店確實清掃乾淨，無論是食材或調理工具也都是大家用心整理整頓的。甚至連抹布也是全部匯集一起換新。我覺得一點一滴累積微小的事，不僅可變成容易工作的環境，甚至促進員工士氣的提升。

水潤多汁的蜜桃風味與
清新淡雅的奶油作結合

法式塔皮裡填裝著滿滿的糖漬蜜桃，這是一款以蜜桃
為主角的甜點。帶有肉桂輕柔香氣的希布絲特奶油，
搭配法式蛋白霜製法做出淡雅的甜味，再佐上黑莓醬
讓整體風味更加提升。

蜜桃希布絲特塔
Chiboust aux peches

[材料]

黑莓醬

《容易製作的份量》

黑莓……100g

細砂糖……15g

片狀果膠 (用冰水泡軟)……1.5g

糖漬蜜桃

《10 個份》

糖漿 (波美度 30)……500g

檸檬汁……50g

糖粉……140g

水蜜桃利口酒……4g

水蜜桃……3 顆

希布絲特奶油

《12 個份》

牛奶……250g

肉桂棒……2 根

蛋黃……75g

細砂糖……40g

卡士達粉……20g

片狀果膠 (用冰水泡軟)……6g

蛋白……150g

細砂糖……45g

整體蛋糕組成・裝飾

《1 個份》

法式塔皮 (P.140)……1 個

細砂糖……適量

糖粉……適量

黑莓……2 顆

鏡面果膠……適量

[結構圖]

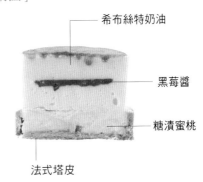

希布絲特奶油

黑莓醬

糖漬蜜桃

法式塔皮

[作法]

黑莓醬

1 於鍋中倒入黑莓與細砂糖 ，開啟小火加熱，加熱 A 時一邊用橡膠刮刀輕輕地搗碎。

2 待稍微煮過後就關閉爐火，倒入用冰水泡軟的果 B~C 膠進行混合溶解。

3 於直徑 5cm 的半球形烤盤內各倒入 6g，放到冰箱 D 冷凍凝固。

糖漬蜜桃

1　於料理鉢中倒入糖漿、檸檬汁、糖粉用打蛋器混　A-B
合攪拌，接著倒入水蜜桃利口酒進行混合。

2　剝除水蜜桃外皮，用刀子切成放射狀將中央果實部　C-D
位去除。接著倒入步驟 **1** 中，用保鮮膜貼合覆蓋在水
蜜桃上放到冰箱冷藏 30 分鐘。

希布絲特奶油

1　於鍋中倒入牛奶開火加熱，待煮沸後加入肉桂棒
並關火，蓋上鍋蓋使其靜置 10 分鐘。

2　於料理鉢內放入蛋黃打散攪拌，加入細砂糖與卡士　A
達粉後翻拌均勻。

3　將步驟 **1** 用濾網過濾後少量加入步驟 **2** 材料中，
用打蛋器混合攪拌均勻。

4　剩餘的步驟 **1** 材料用濾網過濾後也倒入步驟 **3** 內　B-C
混合攪拌。將整個料理鉢放上爐火加熱，並持續用打
蛋器一邊攪拌一邊烹煮。等到出現光澤，用打蛋器撈
起後可整團落下的硬度時即可關火。

5　將步驟 **4** 材料用濾網過濾後移放到料理鉢中，倒入　D
用冰水泡軟的果膠再用打蛋器攪拌使其溶解。

6　於攪拌缸內倒入蛋白，用網狀攪拌器進行攪拌。　E
等到出現細小氣泡後，將細砂糖分成三回倒入，並攪
拌至蛋白霜可明顯挺立為止。⇨Point ❶

7　將部分步驟 **6** 材料倒入步驟 **5** 內，用打蛋器進行　F
攪拌，待整體融合均勻後再將剩餘的步驟 **6** 材料倒入，
用橡膠刮刀從底部向上翻拌。

Point --

❶　在此使用的是打發的蛋白再加上細砂糖所製作出
來的法式蛋白霜。與使用打發的蛋白配上熱熱的糖漿
製作而成的義式蛋白霜相比，因細砂糖的使用量較少，
所以可做出淡雅甜度的奶油。

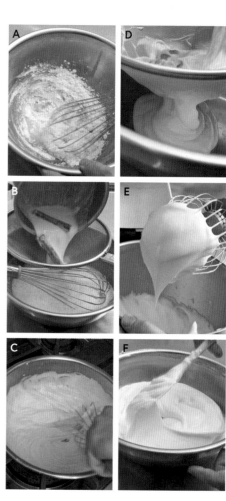

材料組合・裝飾

1　將糖漬蜜桃的湯汁瀝乾，舖放在烤好的法式塔皮上。上方再用抹刀塗上希布絲特奶油，將奶油抹至與法式塔皮邊緣相同高度處並將表面抹平。接著放到冰箱冷藏。　A~B

2　於直徑 6x 高度 3cm 的中空圓型烤模內將希布絲特奶油擠至八分滿。　C

3　於步驟 **2** 內放入冷藏凝固的黑莓醬，再用手稍微將果醬按壓陷入奶油裡面。接著擠上希布絲特黑莓醬整個覆蓋，用抹刀將奶油配合中空圓型烤模的高度對齊抹平後，放到冷凍庫內冷凍凝固。經過一段時間後暫時從冷凍庫取出，將凹陷部分再擠上希布絲特奶油並抹平，再次放入冷凍庫冷凍凝固。➡ Point ❶　D~F

4　將步驟 **3** 的中空圓型烤模卸下後，材料擺放至步驟 **1** 上。　G

5　上方灑上糖粉後印上烙鐵用具使表面烤焦，再放入急速冷凍櫃使其冰凍凝固。此步驟需再重覆一次。用茶葉濾網將糖粉過篩灑上，再次印上烙鐵使表面烤焦，再次放入急速冷凍櫃使其冰凍凝固。➡ Point ❷　H~J

6　將黑莓塗上鏡面果膠，放上步驟 **5** 作裝飾。

Point --

❶　裝在中空圓型烤模的希布絲特奶油，由於經冷凍後表面會凹陷，需等某種程度的冷凍後暫時取出，將凹陷部份再填補上希布絲特奶油。

❷　將希布絲特奶油表面焦糖化時需階段性地增加厚度，漸漸使顏色加深變濃的概念，需分成好幾回作業。

關於希布絲特塔的風味創作靈感

Ryoura 的希布絲特塔，塞滿水果等食材的基座是主角。然而，讓整體風味取得平衡的關鍵是在希布絲特奶油。到底是該使用法式蛋白霜，還是義式蛋白霜，是否添加香草或肉桂香氣，是否添加玉米粉等，多

次研發製作方式，目標是希望能凸顯主角的水果風味外，亦能完美協調風味、香氣與口感。

濃郁的糖炒蘋果風味是主角。
奶油則調整成
清爽不黏膩的甜度來作搭配

法式塔皮內紮實地塞滿焦糖風味的糖炒蘋果。因糖炒
蘋果風味較為強烈，所以希布絲特奶油則搭配義式蛋
白霜製法呈現清爽不黏膩的甜度，再添加香草香氣做
出輕盈感。於厚重的希布絲特裡頭潛藏著紅醋栗果凍
作為提味。

蘋果希布絲特塔
Chiboust aux pommes

[材料]

糖炒蘋果

《容易製作的份量》

蘋果 (紅玉)……1 顆

蘋果 (富士)……1 顆

奶油……30g

香草莢……1/4 根

細砂糖……65g

希布絲特奶油

《10 個份》

牛奶……190g

香草莢……1/6 根

蛋黃……90g

細砂糖 (A)……80g

卡士達粉……25g

玉米粉……5g

香草醬……1g

片狀果膠 (用冰水泡軟)……8g

細砂糖 (B)……180g

水……60g

蛋白……90g

紅醋栗果凍

《容易製作的份量》

紅醋栗果泥……120g

覆盆子果泥……30g

片狀果膠 (用冰水泡軟)……3.6g

細砂糖……24g

海藻糖……8g

整體蛋糕組成・裝飾

《1 個份》

法式塔皮 (P.140)……1 個

細砂糖……適量

糖粉……適量

紅醋栗……適量

[結構圖]

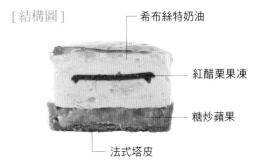

希布絲特奶油

紅醋栗果凍

糖炒蘋果

法式塔皮

[作法]

糖炒蘋果

1 將蘋果削皮切成六等份，將芯部去除後，切成 A
1~1.5cm 塊狀大小。

2 於平底鍋放入奶油開啟小火加熱，待奶油融化後 B~C
將步驟 **1** 材料、香草莢、細砂糖倒入，需經常攪拌讓
蘋果煮至熟透。

3 等到蘋果煮至軟爛，多少還殘留一些塊狀的泥狀 D
時即可關火。將其攤放在淺盤上使其靜置冷卻。

希布絲特奶油

1 於鍋中倒入牛奶與香草莢，開火使其煮沸。

2 於料理缽內放入蛋黃打散攪拌，加入細砂糖 (A)、卡士達粉、玉米粉後翻拌均勻。

3 將步驟 **1** 慢慢少量加入步驟 **2** 材料中，用打蛋器 A 使其混合攪拌，再倒入香草醬作混合。

4 將步驟 **3** 整個料理缽放上爐火加熱，並持續用打 B 蛋器一邊攪拌一邊烹煮。等到出現光澤，用打蛋器撈起後可整團落下的硬度時即可關火。

5 將步驟 **4** 材料用濾網過濾後移放到料理缽中，倒入 C 用冰水泡軟的果膠再用打蛋器攪拌使其溶解。

6 於鍋中倒入細砂糖 (B) 與水，並加熱至 116℃ 左右。

7 於攪拌缸內倒入蛋白，用網狀攪拌器進行攪拌。 D-E 等到打發至某種程度後，將步驟 **6** 倒入，並持續攪拌至蛋白霜可明顯挺立為止。⇨Point ❶

8 將部分步驟 **7** 材料倒入步驟 **5** 內，用打蛋器進行 F 攪拌，待整體融合均勻後再將剩餘的步驟 **7** 材料倒入，用橡膠刮刀從底部向上翻拌進行混合攪拌。

Point --

❶ 在此使用的是打發的蛋白再加上熱熱的糖漿所製作出來的義式蛋白霜。與使用打發的蛋白配上細砂糖製作而成的法式蛋白霜相比，可做出爽口不粘膩的甜味奶油。

紅醋栗果凍

1 於料理缽內倒入紅醋栗果泥與覆盆子果泥，用微波爐加熱至 40℃ 左右。

2 依序將用冰水泡軟的果膠、細砂糖、海藻糖倒入， A 每次倒入後均須攪拌溶解。

3 於直徑 5cm 的半球形烤模內分別倒入 8g，接著放 B 入冰箱冷凍凝固。

材料組合・裝飾

1 於直徑 6x 高度 3cm 的中空圓型烤模內將希布絲特奶油擠至 8 分滿,用湯匙背面將奶油抹至烤模邊緣。 A~B

2 於步驟 **1** 內放入冷凍凝固的紅醋栗果凍,接著擠上希布絲特奶油將果凍整個覆蓋,用湯匙背面將奶油配合中空圓型烤模的高度對齊抹平後,放到冷凍庫內使其凝固。經過一段時間後暫時從冷凍庫取出,將凹陷部分再擠上希布絲特奶油並抹平,再次放入冷凍庫冰凍凝固。⇨Point ❶ C~D

3 於烤好的法式塔皮內,將糖炒蘋果裝滿至塔皮邊緣。 E

4 將步驟 **2** 的中空圓型烤模卸下後,材料擺放至步驟 **3** 上。 F

5 上方灑上糖粉後印上烙鐵用具使表面烤焦,再放入急速冷凍櫃使其冰凍凝固。此步驟需再重覆一次。用茶葉濾網將糖粉過篩灑上,再次印上烙鐵使表面烤焦,再次放入急速冷凍櫃使其冰凍凝固。⇨Point ❷ G~J

6 步驟 **5** 上用紅醋栗作裝飾。

Point --

❶ 裝在中空圓型烤模的希布絲特奶油,由於經冷凍後表面會凹陷,需等某種程度的冷凍後暫時取出,將凹陷部份再填補上希布絲特奶油。

❷ 將希布絲特奶油表面焦糖化時需階段性地增加厚度,漸漸使顏色加深變濃的概念,需分成好幾回作業。

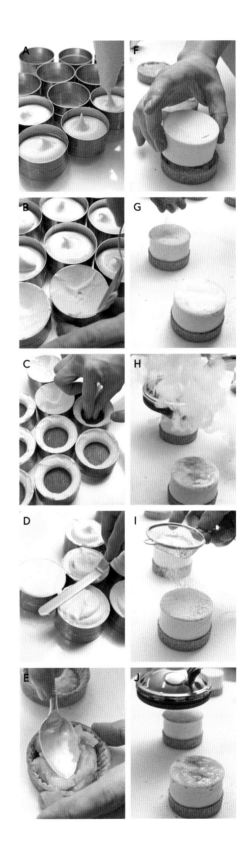

93

 深植人心的原創甜點

用水果與優格來詮釋「早晨」。
調整配料的風味，提升與馬卡龍的一體感

以水果與優格的搭配為主題，法文中意喻「早晨」的
「Matin」馬卡龍甜點。此款甜點的關鍵在於果凍裡加入
冷凍的杏桃。不使用果泥而使用冷凍杏桃是為了添加食
材本身的清新風味，與馬卡龍的杏仁風味更容易揉和在
一起。慕斯若是清爽風味的話就難以與馬卡龍作調和，
因此採用白巧克力來呈現深度風味。

AM 時光
Matin

優格果凍

《30 顆份》

優格……330g

片狀果膠 (用冰水泡軟)
　　……3.5g

海藻糖……15g

細砂糖……60g

檸檬汁……2g

百香果柳橙奶油

《30 顆份》

百香果果泥……65g

柳橙果泥……10g

全蛋……50g

蛋黃……42g

細砂糖……40g

片狀果膠 (用冰水泡軟)
　　……0.8g

奶油 (使其軟化)……50g

百香果柳橙杏桃果凍

《30 顆份》

百香果果泥……120g

柳橙果泥……90g

杏桃 (冷凍)……60g

片狀果膠 (用冰水泡軟)……3.7g

海藻糖……7.5g

細砂糖……20g

白巧克力慕斯

《 20 顆份》

白巧克力……120g

牛奶……84g

鮮奶油 A(乳脂肪含量 35%)……84g

蛋黃……34g

細砂糖……18g

片狀果膠 (用冰水泡軟)……3.6g

鮮奶油 B(乳脂肪含量 35%) ……270g

白巧克力柳橙香緹鮮奶油

《30 顆份》

白巧克力……165g

鮮奶油 A(乳脂肪含量 35%)……110g

水飴……12g

轉化糖……12g

片狀果膠 (用冰水泡軟)……3g

柳橙皮……10g

鮮奶油 B(乳脂肪含量 35%)……300g

整體蛋糕組成・裝飾

《1 顆份》

柳橙……3 切塊

馬卡龍 (黃 /P.146)……2 片

糖漿 *……適量

椰蓉粉……適量

糖粉……適量

*將糖漿 (波美度 30)、百香果泥、柳橙果泥依比例 2:1:1 進行混合調配。

[結構圖]

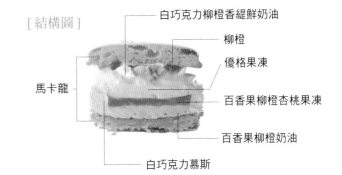

白巧克力柳橙香緹鮮奶油

柳橙

優格果凍

百香果柳橙杏桃果凍

百香果柳橙奶油

白巧克力慕斯

馬卡龍

[作法]

優格果凍

1　於料理缽中倒入部分優格，用微波爐加熱至 40℃左右。

2　於步驟 **1** 倒入用冰水泡軟的果膠進行混合溶解。再倒入部分剩餘的優格作混合，接著用微波爐加熱至 40℃左右。

3　於其他料理缽中倒入剩餘的優格，再倒入海藻糖、細砂糖混合攪拌。在此倒入步驟 **2** 材料混合攪拌，待全體攪拌均勻後再倒入檸檬汁進行混合。

4　於直徑 5cm 的半球形烤模內用漏斗充填器各擠入材料 8g，放到急速冷凍櫃內冰凍凝固。

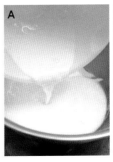

A

B

百香果柳橙奶油

1 於料理缽中倒入百香果果泥與柳橙果泥，用微波爐加熱至 40℃ 左右。

2 於其他料理缽中倒入全蛋、蛋黃、細砂糖進行翻拌混合。

3 將步驟 **1** 加入步驟 **2** 中，用打蛋器進行混合攪拌。

4 將步驟 **3** 的料理缽放上爐火加熱，一邊用打蛋器攪拌一邊烹煮。待煮好後熄火，倒入用冰水泡軟的果膠進行混合。　A

5 將步驟 **4** 用濾網過篩後移放到料理缽內，倒入奶油。待整體混合均勻後用手持式攪拌機攪拌至柔滑為止。　B-C

6 於直徑 5cm 的半球形烤模內用漏斗充填器各擠入材料 10g，放到急速冷凍櫃內冰凍凝固。　D

百香果柳橙杏桃果凍

1 於料理缽中倒入百香果果泥與柳橙果泥，用微波爐加熱至 40℃ 左右。

2 趁杏桃尚於冷凍狀態時切成 5mm 塊狀大小。⇨Point ❶　A

3 將步驟 **2** 倒入步驟 **1** 內，接著加入用冰水泡軟的果膠進行混合溶解。待果膠溶解後倒入海藻糖與細砂糖作混合。⇨Point ❶　B

4 於料理缽底部浸泡在冰水中，一邊攪拌一邊使其冷卻至 17~18℃。　C

5 於已倒入百香果柳橙奶油的半球形烤模內再用湯匙倒入 10g，接著放到急速冷凍櫃內冰凍凝固。　D

Point --

❶　由於冷凍杏桃只要一解凍就會變色，因此趁冷凍狀態進行切塊，並且利用果泥含有的抗色成份，讓切塊的杏桃馬上與果泥作混合攪拌即可防止變色。

白巧克力慕斯

1 於料理缽中倒入白巧克力，用隔水加熱方式使其溶解。溶解完成時的溫度大約在 45℃。

2 於鍋中倒入牛奶與鮮奶油 A 並加熱煮沸。

3 於其他料理缽中倒入蛋黃與細砂糖進行翻拌混合。

4 於步驟 **3** 中倒入少量的步驟 **2** 材料進行混合，接著再倒入剩餘的步驟 **2** 材料。開啟爐火，一邊攪拌一邊加熱至 82℃ 為止。

5 於步驟 **4** 倒入用冰水泡軟的果膠進行混合，再用濾網過篩。

6 於步驟 **1** 中倒入少量的步驟 **5** 材料進行混合，使其分離。待分離至照片 B 的狀態時，再將剩餘的步驟 **5** 材料慢慢少量倒入混合。待混合完成時的溫度大約在 31~33℃。　A-D

⇨Point ❶

7 於料理缽中倒入鮮奶油 B，輕輕地打泡。

8 將部分步驟 **7** 材料倒入步驟 **6** 內混合攪拌，接著再倒 E
入剩餘的步驟 **7** 材料混合。

9 於貼有不沾模的烤盤上排列直徑 6.5x 高度 1.6cm 的圓
形中空烤模，將步驟 **8** 材料擠至圓形中空烤模的 6 分滿。

10 將重疊冰凍凝固的百香果柳橙杏桃果凍與百香果柳 F
橙奶油，以果凍面朝上擺放在步驟 **9** 中央，再用手指將其
按壓陷入。 之後於上頭再擠上步驟 **8** 材料，用抹刀將表
面抹平，並與模具高度對齊。接著放到急速冷凍庫內冰凍
凝固。

Point --

1 先將正在烹煮的奶油 (英式蛋奶醬) 少量倒入白巧克
力內混合，使其暫時分離，之後再將剩餘的英式蛋奶醬倒
入拌開展延的方式，攪拌至滑順為止。若將英式蛋奶醬一
口氣全部倒入的話，彼此材料間的連結就會不穩定，就無
法完全結合在一起。

白巧克力柳橙香緹鮮奶油

1 於料理缽中倒入白巧克力，使用隔水加熱使其溶解。

2 於鍋中倒入鮮奶油 A、水飴、轉化糖進行加熱。待煮 A
沸後關火，倒入用冰水泡軟的果膠進行混合溶解。

3 於步驟 **1** 中倒入步驟 **2** 材料混合攪拌，接著倒入柳橙 B-C
皮。

4 於步驟 **3** 內慢慢少量倒入鮮奶油 B 進行混合。最後移 D
放到保存容器內，放到冰箱冷藏一晚。⇨ Point **1**

Point --

1 放置一晚後彼此材料間的連結會較穩定，更好打發。

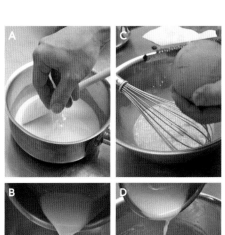

材料組合・裝飾

1 將柳橙切出果肉，再切成 1cm 大小的塊狀。

2 於冰箱放置一晚的白巧克力柳橙香緹鮮奶油用打蛋器
打發至挺立為止。

3 將 2 片馬卡龍的裏部用毛刷刷上糖漿。

4 於冰凍凝固的白巧克力慕斯側邊再貼上椰蓉粉，放上
步驟 **3** 的 1 片馬卡龍上。

5 於步驟 **4** 擺上優格果凍，將白巧克力柳橙香緹鮮奶油 A
用星型花嘴擠花袋擠滿奶油將整個果凍覆蓋住。

6 將切塊柳橙瀝乾湯汁，擺放在於步驟 **5** 的中央處，再 B
擠上白巧克力柳橙香緹鮮奶油將柳橙覆蓋起來，接著疊上
剩下的馬卡龍。最後靠著量尺，將糖粉過篩灑上作裝飾。

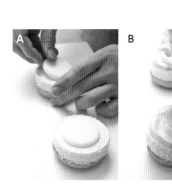

突出顯著的莓果香氣，
再用穆斯林奶油延長酸甜果凍的餘韻滋味。

為了調和與馬卡龍的杏仁風味，將大黃或草莓等帶有細微差異
的青草味素材做成果凍，再與穆斯林奶油作搭配。油脂成分較
高的穆斯林奶油除了可延長果凍的香氣餘韻外，一方面亦提升
與馬卡龍的整體感。黑醋栗的香緹鮮奶油填補了輕柔感，佐上
新鮮水果再增添幾分水潤感。

成熟的果實
Maturité

糖煮大黃

《容易製作的份量》

大黃……300g

水……少量

檸檬汁……30g

細砂糖……45g

大黃草莓果凍

《60 個份》

糖煮大黃……上記做法，180g

草莓果泥……285g

細砂糖……15g

片狀果膠 (用冰水泡軟)……4.6g

cream chesse 穆斯林奶油

《10 個份》

法式奶油霜 (P.150)……110g

cream chesse……170g

卡士達醬 (P.148)……120g

黑醋栗香緹鮮奶油

《10 個份》

香緹鮮奶油 (P.148)……150g

黑醋栗果醬 (P.151)……20g

整體蛋糕組成・裝飾

《1 個份》

馬卡龍 (紅 /P.146)……2 片

糖漿 (波美度 30)……適量

草莓 (切半)……4 切片

黑莓……1 顆

覆盆子……2~3 顆

藍莓……1 顆

鏡面果膠……適量

糖粉……適量

[結構圖]

cream chesse 穆斯林奶油

大黃草莓果凍

草莓

馬卡龍

黑醋栗
香緹鮮奶油

覆盆子

[作法]

糖煮大黃

1　將大黃尾端較硬的部分切除，再切成寬度 1.5~2cm 的塊狀。

2　將步驟 **1** 放入鍋中，倒入水與檸檬汁、細砂糖後 加熱。適時地蓋上鍋蓋，讓大黃煮熟。

3　待大黃煮到某種程度的軟度後，一邊攪拌加熱一 邊將其搗碎。

A~B

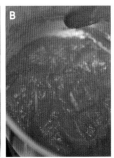

大黃草莓果凍

1 於料理缽內放入糖煮大黃與草莓果泥，用微波爐加熱至 40℃，再倒入細砂糖進行攪拌溶解。⇨ Point ❶

2 於其他料理缽倒入少量步驟 **1** 材料，加入用冰水泡軟的果膠，放入微波爐加熱使其溶解。將此材料再倒回步驟 **1** 料理缽內進行混合。

3 將缽盆底部浸泡在冰水內，一邊攪拌一邊使其冷卻至 20℃。

4 將貼上不沾模的 33x8cm 果凍模具放在烤盤上，把步驟 **3** 材料倒入模具內並將表面抹平，放到急速冷凍櫃冰凍凝固。

Point --

❶ 大黃與草莓果泥於「蜜絲特拉」拿破崙蛋糕 Mille-feuille mistral （P.78）也有使用，相對於在蜜絲特拉拿破崙蛋糕是採用新鮮草莓來製作，在此則選擇使用草莓果泥。這是因為考量要與較濃厚材料（穆斯林奶油）作結合，使用濃縮水果風味的果泥，可以更加提升風味與香氣的表現。

Cream chesse 穆斯林奶油

1 於料理缽中倒入法式奶油霜，用微波爐加熱至變軟。接著移放到攪拌缸內，用網狀攪拌器攪拌至打發為止。

2 於料理缽內倒入 Cream chesse，用橡膠刮刀按壓打散。倒入卡士達醬，並攪拌至整體混合均勻為止。

3 於步驟 **1** 內倒入步驟 **2** 材料，用網狀攪拌器進行攪拌，待整體混合均勻並變柔滑後即可攪拌完成。
⇨ Point ❶

Point --

❶ 穆斯林奶油於口中的停留時間較長，若是在穆斯林奶油上添加風味的話，該風味就會被突顯出來，那麼其他配料尤其是未經加工直接作裝飾的水果香氣就會變得薄弱。因此，在這裡為了呈現直接作為裝飾的水果以及大黃草莓果凍與黑醋栗香緹鮮奶油的香氣，於穆斯林奶油不添加任何特色香氣。

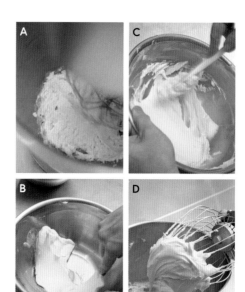

黑醋栗香緹鮮奶油

1 將所有材料混合攪拌。

材料組合・裝飾

1 於 2 片馬卡龍的裏面各別用毛刷刷上糖漿。

2 將冰凍凝固的大黃草莓果凍切成 2cm 塊狀大小。

3 於步驟 **1** 的 1 片馬卡龍塗抹上少量的 Cream chesse 穆斯林奶油，於中央部位再擺上步驟 **2** 材料。

4 用圓形花嘴擠花袋將 Cream chesse 穆斯林奶油擠滿覆蓋果凍。

5 於 Cream chesse 穆斯林奶油側邊擺放切對半的草莓、黑莓、覆盆子、藍莓。

6 用星型花嘴擠花袋擠上黑醋栗香緹鮮奶油，再將剩餘的馬卡龍蓋上，覆盆子切成對半後作裝飾。將水果塗上鏡面果膠，最後倚著量尺將糖粉過篩灑上。

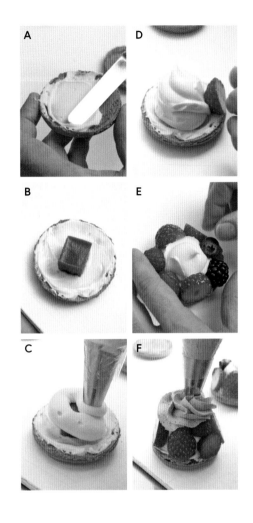

A-B

C

D-E

F

《其他組合變化 ----- 以慕斯為主體的甜點》

貝爾格
Berge

此款是以「焦糖洋梨 Poire Caramel」為概念創作的。西洋梨一般是搭配櫻桃酒等的酒類將風味清楚呈現出來，在此為了將西洋梨的慕斯香氣提升，搭配使用荔枝果凍。另一方面，為了縮短荔枝與西洋梨的距離感，還隱藏著與百香果一同糖炒的香蕉。

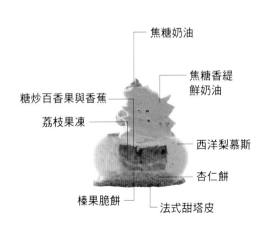

焦糖奶油

焦糖香緹鮮奶油

糖炒百香果與香蕉

荔枝果凍

西洋梨慕斯

杏仁餅

榛果脆餅

法式甜塔皮

慕斯、奶油、果凍
迸放出「百香果 +α」的無限風味

這是一款以清爽慕斯為主體，適合夏天的甜點。除了慕斯外，連同奶油與果凍主要三種材料全部都是添加「百香果 +α」香氣，強調夏季時令風味。易融於口，又宛如像在吃水果般水潤多汁為此款特色。

熱情百香果
Passionnément

※ 杏桃以外都使用果泥。

奶油、基底、水果
做成三位一體的蛋白霜甜點

提到奶油 X 蛋白霜甜點，最知名的便是「香緹蛋白霜餅 meringue chantilly」，想像著若再添加水果並將各款配料完美調和成甜點，於是便從同樣是蛋白霜甜點種類裡選擇「帕芙洛娃蛋糕 Pavlova」。在試做階段時中間部位曾經填裝過新鮮草莓，但考慮與栗子卡士達醬的搭配性，改而換成糖炒水果。

帕芙洛娃
Pavlova

熱情百香果 Passionnément

[材料]

百香果芒果椰子奶油
《20 個份》
百香果果泥……22g
芒果果泥……40g
椰子果泥……100g
蛋黃……40g
細砂糖……28g
片狀果膠 (用冰水泡軟)
……1.6g

百香果柳橙杏桃果凍
《20 個份》
百香果果泥……110g
柳橙果泥……10g
杏桃 (冷凍)……70g
片狀果膠 (用冰水泡軟)……4.2g
細砂糖……30g

百香果柳橙香緹鮮奶油
《10 個份》
香緹鮮奶油 (P.148)……240g
百香果柳橙果醬 (參考 P.151)……32g

百香果柳橙慕斯
《20 個份》
鮮奶油 (乳脂肪 35%)……175g
百香果果泥……130g
柳橙果泥……33g
片狀果膠 (用冰水泡軟)
……8.65g
義式蛋白霜……125g
　水……55g
　細砂糖……160g
　蛋白……80g

整體蛋糕組成・裝飾
《1 個份》
杏仁餅 (直徑 5cm/P.134)……1 片
水果糖漿 *1……適量
鏡面果膠 (黃)……適量
法式甜塔皮 (使用直徑 7cm 的菊型壓模 /
　P.138)……1 片
蛋白霜烤餅 *2……2 片
糖漬柳橙皮 *3……2 片

＊1 糖漿 (波美度 30)50g 與百香果果泥 12g、芒果果泥 12g 攪拌混合。
＊2 與 P.106 的「蛋白霜」相同材料及作法，延展成厚度 5mm 後再灑上糖粉進行烘烤而成。
＊3 糖漿 (波美度 30) 與水以 2:1 比例放到鍋中加熱，待煮沸後再放入柳橙皮並煮至軟爛為止。

[結構圖]

蛋白霜烤餅
糖漬柳橙皮
百香果柳橙慕斯
百香果柳橙香緹鮮奶油
百香果芒果椰子奶油
百香果柳橙杏桃果凍
杏仁餅
法式甜塔皮

[作法]

百香果芒果椰子奶油

1 於料理缽內放入 3 種果泥，用微波爐加熱至 40℃。

2 於其他料理缽倒入蛋黃與細砂糖作翻拌混合。

3 於步驟 **2** 內倒入步驟 **1** 材料混合攪拌。將整個料理缽放上爐火加熱，一邊攪拌一邊加熱至 82℃。

4 將步驟 **3** 卸下爐火，加入用冰水泡軟的果膠進行溶解混合，接著再用濾網過濾。

5 將缽盆底部浸泡於冰水中，一邊攪拌一邊使其冷卻至 26℃左右。

6 用漏斗充填器各倒 10g 於直徑 5cm 的半球型烤模內，放置冰箱冷藏凝固。

百香果柳橙杏桃果凍

1 依上述材料、份量參照 P.96 相同作法 (只是在此未使用海藻糖)，接著各倒入 10g 於已放有百香果芒果椰子奶油的半球型烤模內。放置冰箱冷藏凝固。

百香果柳橙香緹鮮奶油

1 將所有材料混合攪拌。

百香果柳橙慕斯

1 於攪拌缸內倒入鮮奶油，用網狀攪拌器攪拌打至 7 分發。 A

2 料理缽內倒入部分百香果果泥、部分芒果果泥、用冰水泡軟的果膠後，用微波爐加熱至 40℃。

3 於步驟 **2** 內倒入剩下的果泥，將缽盆底部浸泡於冰水中， B 一邊攪拌一邊使其冷卻至 15℃ 左右。⇨Point ❶

4 製作義式蛋白霜。於鍋中倒入水與細砂糖並開火，加熱至 116℃ 為止。

5 於攪拌缸內倒入蛋白進行攪拌，打至 7 分發時再持續攪 C 拌並慢慢少量倒入步驟 **4** 材料。待完全打發並達 30℃ 時，移放到烤盤上稍微抹平後放到冰箱降溫冷卻。⇨Point ❷

6 於料理缽中倒入冷卻的義式蛋白霜 125g，再加入部分步 D 驟 **1** 材料混合攪拌，待攪拌均勻後再倒入剩餘的步驟 **1** 材料混合攪拌。

7 將步驟 **3** 放入爐火稍微加熱 (大約 18℃ 左右) 後，再慢 E–F 慢少量倒入步驟 **6** 混合攪拌。

Point --

❶ 與果膠混合的果泥需先降溫至 15℃ 使其凝固後，再將材料溫度提升至 18℃ 作使用。比起一開始就將溫度調整至 18℃，此作法可以增加黏度，使慕斯變成鬆軟。

❷ 在此作法上，蛋白內不添加細砂糖，只單純攪拌蛋白後與糖漿作搭配。目標就是想要做出鬆軟的慕斯，因此若是添加細砂糖，打出來的氣泡就會比較穩定，但相對地比較難做出份量感。

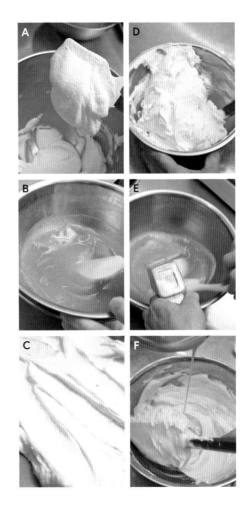

材料組合・裝飾

1 將百香果柳橙慕斯倒入直徑 6.5cm 的石頭型烤模，再用湯匙背部將慕斯抹至烤模邊緣。

2 將重疊冷藏凝固的奶油與果凍，以果凍面朝上擺放在步 A 驟 **1** 內，再用手指輕輕按壓。將隆起的周圍慕斯再覆蓋於果凍表面，並將表面抹平。

3 將杏仁餅未有烘烤顏色那面用毛刷刷上水果糖漿。 B

4 將步驟 **3** 以塗有水果糖漿那面朝下擺放於步驟 **2** 材料上， C 用手輕壓使其緊密黏合。放到冷凍庫內冰凍凝固。

5 將步驟 **4** 從烤模上卸下，淋上黃色的鏡面果膠，整個擺 D 放到法式甜塔皮上，再用星型花嘴擠花袋擠上百香果柳橙香緹鮮奶油。最後以蛋白霜烤餅與糖漬柳橙皮做裝飾。

帕芙洛娃 Pavlova

[材料]

蛋白霜基底

《20 個份》

乾燥蛋白……2g

細砂糖 A……100g

蛋白……100g

細砂糖 B……100g

糖炒草莓藍莓

《20 個份》

草莓……150g

奶油……15g

藍莓……75g

細砂糖……60g

櫻桃酒……6g

栗子卡士達醬

《20 個份》

栗子醬……120g

卡士達醬 (P.148)……90g

優格香緹鮮奶油

《20 個份》

優格凍……150g

┌ 優格……150g

│ 片狀果膠 (用冰水泡軟)……2.5g

│ 海藻糖……4g

│ 細砂糖……16g

└ 檸檬汁……6g

香緹鮮奶油 (P.148)……300g

整體蛋糕組成・裝飾

《1 個份》

草莓 (切片)……2 切片

藍莓 (切對半)……2 切片

覆盆子 (切對半)……2 切片

蛋白霜烤餅 *……適量

鏡面果膠……適量

＊與「蛋白霜基底」相同材料、相同作法，壓成厚度 5mm 後灑上糖粉進行烘烤即可。

[結構圖]

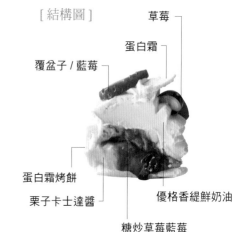

草莓
蛋白霜
覆盆子 / 藍莓
蛋白霜烤餅
栗子卡士達醬
優格香緹鮮奶油
糖炒草莓藍莓

[作法]

蛋白霜基底

1 將乾燥蛋白與細砂糖 A 作混合。

2 於攪拌缸倒入蛋白，用網狀攪拌器進行攪拌。待打發後再倒入步驟 **1** 材料持續攪拌。

3 待蛋白打發至挺立狀態時便可從攪拌機上取下，倒入細砂糖 B 用橡膠刮刀進行攪拌。照片為攪拌完成之狀態。 A

4 於直徑 6cm 的半球型烤模內塗上起酥油 (份量外)，將 B~C 步驟 **3** 材料放到擠花袋內擠入約 8 分滿。接著用湯匙背面將其抹開至烤模邊緣，多出來的材料則刮除，做成圓拱頂狀。放到上下火均設定 100℃ 的雙溫控烤箱內烘烤 3 小時。照片 C 為烘烤完成後狀態。 ⇨ Point ❶

5 放到架上靜置一段時間使其冷卻，接著卸下烤模，以洞口朝下方式擺放排列在舖有烘焙紙的烤盤上，再放到設定為 D 120℃ 的旋風烤箱烘烤 10 分鐘。⇨ Point ❶

Point --

❶ 第一次烘烤是為了讓混合在蛋白霜內的細砂糖 B 可以溶解。第二次烘烤則是為了讓融化後的細砂糖可以焦糖化，使其微微地上色。

糖炒草莓藍莓

1 將草莓切除蒂頭部位，再直切成 4 等份。

2 於鍋內倒入奶油開火加熱，待奶油融化後倒入步驟 **1** 材料、藍莓、細砂糖。一邊用橡膠刮刀攪拌一邊輕輕地壓碎藍莓果粒。

3 待全體煮熟後倒入櫻桃酒混合攪拌，倒至烤盤上，靜 A~B 置一段時間使其冷卻。

栗子卡士達醬

1 將全部材料混合攪拌均勻。 A

優格香緹鮮奶油

1 依據左頁材料與份量，與 P.95 相同作法製作優格凍。 B 再與香緹鮮奶油進行混合攪拌。

材料組合・裝飾

1 將蛋白霜基底的洞口朝上擺放在圓形中空烤模內。洞 A 口內用口徑 1.5cm 圓形花嘴擠花袋擠入栗子卡士達醬。

2 擺上糖炒草莓藍莓，再用星型花嘴擠花袋擠滿優格香 B~C 緹鮮奶油。

3 最後將切片草莓、切成對半的藍莓與覆盆子、蛋白霜 D 烤餅作裝飾，水果再塗上鏡面果膠即完成。

新鮮檸檬為提味關鍵。
提升奶香味做成更滑順的口感

檸檬奶油醬除了是搭配滿滿的檸檬汁與檸檬皮提升風味外，連奶油也大量使用，做出帶有奶香味且滑順的口感。於奶油醬中加入新鮮檸檬，以強烈清晰的酸味為提味重點，將整體味道做出層次感。

檸檬塔
Tarte au citron

以在諾曼第習得的製作方式為基礎。
搭配酥脆口感的千層派皮當基底

使用細砂糖與奶油來糖炒蘋果，再將其塞在烤模內，
接著用烤箱慢火烘烤。糖炒階段時無需特別加強焦糖
色，蘋果只需輕輕地煮過即可為特色，這就是在法國
諾曼第進修時期學到的製法。黏滑的蘋果與酥脆口感
的千層派皮相當合適。

翻轉蘋果派
Tarte tatin

檸檬塔 Tarte au citron

[材料]

檸檬奶油醬

《容易製作的份量》

全蛋……250g
細砂糖……255g
玉米粉……10g
檸檬汁……220g
檸檬皮……25g
奶油 (軟化後)……375g

整體蛋糕組成‧裝飾

《1 個份》

檸檬 (切成 5mm 大小的塊狀)
　　……4~5 塊
法式甜塔皮*1 (P.138)……1 個
義式蛋白霜*2 ……適量
杏仁片 (未焙炒過)……適量
椰蓉粉……適量
糖粉……適量

＊1 準備與 P.138 相同的麵團，再舖入直徑 7cm 的
中空圓形烤模內先作空燒的成品。
＊2 材料、份量、作法請參照「南洋風味薩瓦蘭蛋
糕」(P.36) 的「椰子慕斯」裡使用到的義式蛋白霜。

[結構圖]

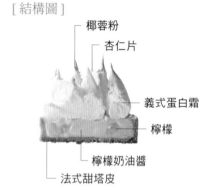

椰蓉粉
杏仁片
義式蛋白霜
檸檬
檸檬奶油醬
法式甜塔皮

[作法]

檸檬奶油醬

1　於料理缽內倒入全蛋與細砂糖進行翻拌混合。
接著加入玉米粉持續混合攪拌。

2　於其他料理缽倒入檸檬汁，用微波爐加熱至
40℃後，倒入步驟 **1** 材料內。

3　於步驟 **2** 內將檸檬削皮加入，並混合攪拌。將　A~B
此缽盆加熱，用打蛋器持續攪拌烹煮。待出現光澤
感後，將其撈起確認達到可整團掉落般的硬度時即
可關火。

4　將步驟 **3** 用濾網過篩移放到料理缽內，此時倒　C~E
入已軟化的奶油，再用手持式攪拌棒攪拌至整體混
合均勻、變成柔滑狀態為止。混合完成的溫度大約
落在 30℃。

5　將奶油醬攤放到淺盤上，再用保鮮膜密封住，　F
放置冰箱冷藏一晚。

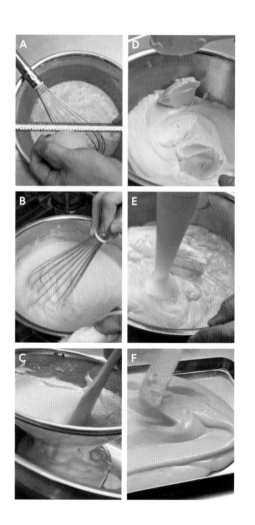

材料組合・裝飾

1 於法式甜塔皮內，將檸檬奶油醬用圓形花嘴擠 A-B
花袋擠至 1/3 高度。擺放切成 5mm 大小塊狀的檸
檬，再次擠上檸檬奶油醬，配合法式甜塔皮邊緣高
度用刮刀抹平奶油醬，再放至急速冷凍櫃內冰凍凝
固。關於檸檬奶油醬，整顆檸檬塔總共使用 40g。

2 將義式蛋白霜裝入圓形花嘴擠花袋內，再沿著 C
法式甜塔皮邊緣擠上水滴狀，為了填滿空隙同樣也
擠上水滴狀蛋白霜。

3 散放杏仁片，再灑上椰蓉粉，並將糖粉用茶葉 D
濾網過篩灑上，放到烤盤上用 200℃ 的旋風烤箱烘
烤 2 分鐘。

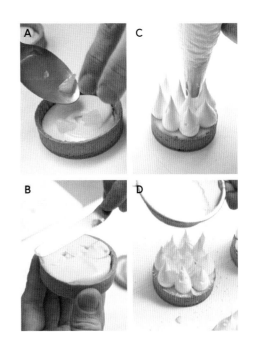

Ryoura 的經歷①

首次赴法

　　我從小就出生於糕餅店。母親的老家經營糕
餅店，父親則是負責店裡的西式甜點部門，或
許是因為這樣的背景，讓我高中畢業後很自然
地也進入製菓專門學校就讀。

　　畢業後先進入新潟當地的西式甜點店工作了
五年。原本是規劃在店裡學習四年後就前往法
國進修，但四年後剛好碰上店裡整修並擴大營
業店面，前輩建議「即使是相同的甜點店，但
店面規模擴大的話，相關的製造流程或作業操
作方式多少會有些改變，作為經驗也不會有損
失」，因此聽取建議後決定在店內再多留一年。
後來，決定前往法國並知會甜點店老闆後，透
過業者介紹幫忙找到進修店家，連同到出國為
止的整個行程也都一併幫忙確認。真的十分感
謝全部都幫忙準備並安排的甜點店老闆。

　　在法國一開始修業工作的地點是在諾曼第的
「レイナルド」。巧克力為主要商品，還包括
生菓子、麵包及鹹食等商品，是一家十分經典
的甜點店。抱持著想要感受法國季節的更迭，
想要學習法式甜點的基礎知識與經驗，在那裡
工作了一年，學習並培養了「紮實地製作」、
「不浪費食材」兩個理念。雖然一開始是完全
不懂法語，但經過這一年的學習，我的法語已
經變成在工作上溝通沒有問題的程度。

　　之後的修業地點轉換到隆河 - 阿爾卑斯山省
(Rhône-Alpes) 的「ギエ」。這是一家生意十分
興隆、非常繁忙的甜點店，透過每天忙碌的工
作學習到如何更有效率地進行作業。在「ギエ」
修業完成後，為了取得學生簽證，當年的九月
有先回日本一趟，於年底再次赴法。

翻轉蘋果派 Tarte tatin

[材料]

焦糖蘋果

《直徑 12x 高度 6cm 的圓形烤模 1 個》

蘋果 (紅玉)⋯⋯3 顆

細砂糖⋯⋯140g

奶油⋯⋯25g

整體蛋糕組成・裝飾

《1 個份》

千層派皮 (直徑 12cm/P.135)⋯⋯1 片

細砂糖⋯⋯適量

[作法]

焦糖蘋果

1 　將蘋果削皮並直切成 4 等份，各自都切除芯部　A
後再直切成 3 等份。

2 　於鍋中倒入少量的細砂糖並開火加熱，待融化
後再倒入少量細砂糖，重覆此動作，持續煮到顏色
不會過於濃郁的焦糖狀。

3 　關火並加入奶油，待奶油融化後再加入切塊蘋　B-C
果，再次開火進行翻炒。

4 　將蘋果稍微加熱煮過後，用融化的細砂糖(焦糖)　D-E
讓蘋果表面都沾滿，接著關火並只將蘋果撈出放在
方盤上。留在鍋內的焦糖則再繼續開火加熱，持續
燉煮到黏稠為止 (焦糖醬)。

5 　將步驟 **4** 的蘋果舖放在直徑 12x 高度 6cm 的圓　F-H
形烤模內，接著注入焦糖醬並蓋上鋁箔紙後，將
其擺放到疊放 2 層的烤盤上，放入上下火均設定
160℃的雙溫控烤箱烘烤 3 小時。烘烤過程中需時
常掀開鋁箔紙，用抹刀等工具從上方按壓蘋果。

⇨Point ❶

Point --

❶ 　烘烤過程中要時常按壓蘋果，這是因為加熱時
蘋果與焦糖醬會膨脹起來，藉由這個按壓動作可讓
焦糖醬與蘋果更加緊密結合。

[結構圖]

焦糖蘋果

千層派皮

材料組合・裝飾

1 於千層派皮上放置直徑 12cm 的中空圓型烤模，A~B
用刀子沿著中空圓型烤模內側劃一圈，再用力按壓
烤模，即可壓出圓形千層派皮。

2 將焦糖蘋果也從烤模上取下，擺放在步驟 **1** 上。　C

3 表面灑上細砂糖，再印上烙鐵使表面烤焦，此　D
烙印動作需進行 3 次。

Ryoura 的經歷②

二次赴法 & 歸國後的修業

　　關於第二次赴法進修，是從年底到隔年 4 月
跑到巴黎的麵包店學習，5 月過後則改在米其
林一星的餐廳工作。雖然在餐廳只待了兩個
月，但學到很多可以將廚房的臨場生動感直接
傳遞到餐桌上的甜點製作技術與創意，對於自
己內心激發很多新的想法。之後，因為很多我
所崇拜的日本甜點師傅都曾在阿爾薩斯修業
過，並且阿爾薩斯原本就是我所嚮往的地方，
所以前往阿爾薩斯的「Thierry Mulhaupt」修
業。事實上，在我前段時間暫時回到日本期間
也曾致電或寫信給 Mulhaupt 並且應徵成功，
但因當時簽證取得較晚，導致機會流失。後來
依舊還是想去 Mulhaupt 工作，便從巴黎致電
詢問後立即被回覆「那就後天來報到吧！」，
於是急忙收拾行囊前往阿爾薩斯了。在阿爾薩
斯的每一天都是相當充實的，除了工作之外，

任何事都當成是經驗，熱衷於吃吃喝喝品嚐各
式美食。大約工作了半年就回到巴黎，接著在
「La Vieille France」工作半年後，積蓄也見底
了。

　　回到日本後，雖然是從法國修業回來的，但
因為沒有豪宅酒店 (Grande Maison) 或是巴黎
頂級甜點店的修業經驗，總認為自己的甜點欠
缺一些視覺魅力。此時，剛好有人來探詢是否
有意願到日本的「Pierre Hermé Paris」工作，
完全正中我所鬱悶不安的事，對我而言當然是
求之不得的好機會。於是，在 Hermé 工作了
2 年，每天都很刺激且愉快。法式甜點是如何
隨著時代潮流一起變遷，又創造出什麼新式流
行，還有法式甜點是如何歷經洗鍊蛻變而成的
等等，學習到許多事物。

採用兩種酸櫻桃，將新鮮櫻桃滋味與櫻桃酒風味做到完美平衡

法式國民甜點的黑森林蛋糕是使用櫻桃酒浸漬的酸櫻桃。然而，在曾經修業過的阿爾薩斯地區使用的不是櫻桃酒，而是浸泡糖漿一晚帶有新鮮風味的酸櫻桃。因此，將這些搭配使用，一方面呈現新鮮風味外，剛好也帶點櫻桃酒香氣，創作出容易入口的甜點，也可稱為「櫻桃水果蛋糕」。

黑森林蛋糕
Forêt noire

新鮮草莓與滑順的穆斯林奶油完美結合

雖然要介紹的是王道甜點，法式草莓蛋糕，但此甜點比起一般的穆斯林奶油將卡士達醬的比例提升更多是關鍵。正因為提高油脂比例，即便是經過冰箱冷藏亦能保持滑順感，與新鮮的草莓快速地緊密結合。

法式草莓蛋糕
Fraisier

黑森林蛋糕 Forêt noire

[材料]

糖漬酸櫻桃

《容易製作的份量》

糖漿 (波美度 30)⋯⋯1000g

酸櫻桃 (冷凍)⋯⋯1000g

酒糖液

《60x40cm 的長方形烤模 1 個份》

糖漬酸櫻桃⋯⋯600g

櫻桃酒⋯⋯300g

巧克力慕斯

《60x40cm 的長方形烤模 1 個份》

深黑苦甜巧克力 (可可脂 64%)

⋯⋯400g

鮮奶油 (乳脂肪成分 35%)

⋯⋯1000g

牛奶⋯⋯75g

櫻桃酒香緹鮮奶油

《60x40cm 的長方形烤模 1 個份》

鮮奶油 (乳脂肪成分 35%) ⋯⋯1050g

糖粉⋯⋯65g

片狀果膠 (用冰水泡軟)⋯⋯7g

牛奶 (回溫)⋯⋯65g

櫻桃酒⋯⋯120g

整體蛋糕組成・裝飾

《60x40cm 的長方形烤模 1 個份　78 塊份》

巧克力杏仁海綿蛋糕 (60x40cm/P.131)

⋯⋯2 片

深黑苦甜巧克力 (隔水加熱融化)⋯⋯適量

酒漬酸櫻桃 (切成對半)⋯⋯300g

法式杏仁海綿蛋糕 (60x40cm/P.132)⋯⋯1 片

酸櫻桃果醬 (P.151)⋯⋯400g

裝飾用巧克力⋯⋯適量

[結構圖]

裝飾用巧克力

糖漬酸櫻桃與酒漬酸櫻桃

酸櫻桃果醬

巧克力慕斯

法式杏仁海綿蛋糕

櫻桃酒香緹鮮奶油

巧克力杏仁海綿蛋糕

[作法]

糖漬酸櫻桃

1　於鍋內倒入糖漿開火加熱，並使其煮沸。

2　於料理缽倒入冷凍的酸櫻桃，將步驟 **1** 材料倒入，接著用保鮮膜密封後放置冰箱冷藏一晚。 A-B

酒糖液

1　將糖漬酸櫻桃用濾網過篩，區分出酸櫻桃與糖漿，於糖漿內倒入櫻桃酒作混合。

巧克力慕斯

1　於料理缽內倒入深黑苦甜巧克力，隔水加熱使其融化。融化完全的溫度約落在 45℃。

2　將鮮奶油倒入攪拌缸內，用網狀攪拌棒攪拌至完全挺立為止。

3　於步驟 **1** 內慢慢少量倒入牛奶，用打蛋器進行混合攪拌。　A

4　於步驟 **3** 內加入少量的步驟 **2** 材料進行混合。接著開啟爐火，　B
加熱至 36℃左右。再將剩餘的步驟 **2** 材料的 1/4 量倒入混合攪拌，
待整體混合均勻後再將最後剩下的步驟 **2** 材料倒入混合。⇨Point **❶**

Point --

❶　因為未使用果膠可以做出口感較好的慕斯，但相對地經材料組合並冷凍後，將蛋糕切塊時，其切斷面很容易會崩壞，須小心注意。

櫻桃酒香緹鮮奶油

1 於攪拌缸內倒入鮮奶油及糖粉，用網狀攪拌器攪拌完全挺立為止。暫時存放於冰箱冷藏片刻後，再次攪拌至完全挺立，接著移放到料理缽內。⇨Point ❶

2 於其他料理缽放入用冰水泡軟的果膠及回溫的牛奶，用微波爐加熱至40℃。

3 將步驟 **1** 材料少量倒入步驟 **2** 內並用打蛋器攪拌後，將材料倒回步驟 **1** 的料理缽並混合攪拌均勻，再倒入櫻桃酒進行混合。

Point --

❶ 打發的奶油經冷藏片刻後可使材料間的連結較穩定，打發的效果也會變得較好，不容易塌陷。

材料組合・裝飾

1 於 1 片巧克力杏仁海綿蛋糕上塗上融化的深黑巧克力，接著 A 放到冰箱冷藏凝固。⇨Point ❶

2 於貼有不沾模的烤盤上擺放 60x40cm 的長方形烤模，將步驟 B **1** 材料以塗有巧克力那一面朝下放置，撕下烘焙紙後用毛刷刷上酒糖液 300g。

3 於步驟 **2** 內倒入 1150g 的巧克力慕斯後將表面抹平，放到冰 C 箱冷藏凝固。

4 將另一片巧克力杏仁海綿蛋糕的烘烤面用毛刷塗上酒糖液 100g。

5 將步驟 **4** 以塗有酒糖液的那一面朝下疊放在步驟 **3** 材料後撕 D 下烘焙紙。接著，在上面擺放木板，用手掌按壓使其緊密貼合。卸下木板，於蛋糕上方用毛刷刷上酒糖液 300g，最後放到冰箱冷藏。

6 倒入櫻桃酒香緹鮮奶油並將表面抹平。 E

7 將瀝乾湯汁的糖漬酸櫻桃 600g 與酒漬酸櫻桃 300g 一同灑在 F 步驟 **6** 上，接著用抹刀按壓，使酸櫻桃陷入鮮奶油內。

8 將法式杏仁海綿蛋糕以烘烤面朝下方式擺放在步驟 **7** 材料上， G 並將矽膠墊撕除。依序將不沾模與木板擺放上去，從上方用手掌輕壓使其緊密貼合。

9 卸除木板與不沾模，於上方用毛刷塗上酒糖液 200g。倒入巧 H-I 克力慕斯 280g，並將表面抹平，放到冰箱冷藏凝固。

10 最上層塗上酸櫻桃果醬，卸下長方形烤模，切成 9x2.8cm 的 J 塊狀大小，再用裝飾巧克力作點綴。

Point --

❶ 吸附滿滿糖漿的蛋糕體很容易鬆散垮掉，所以在材料組合時於底部塗上一層巧克力並將其冷藏凝固後，蛋糕基底就不易鬆散崩壞了。

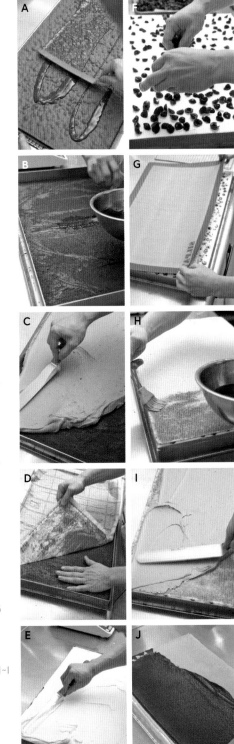

法式草莓蛋糕 Fraisier

[材料]

開心果穆斯林奶油

《11 個份》

法式奶油霜 (P.150)……480g

開心果醬……20g

卡士達醬 (P.148)……180g

草莓覆盆子果膠

《容易製作的份量》

鏡面果膠……200g

草莓果泥……50g

覆盆子果泥……50g

整體蛋糕組成・裝飾

《11 個份》

杏仁海綿蛋糕 (37x10.5cm/P.130)……2 片

巧克力噴霧粉*1……適量

酒糖液*2……90g

草莓……48 顆

義式蛋白霜*3……適量

草莓 (裝飾用 / 切成對半)……5 又 1/2 顆

鏡面果膠……適量

開心果……適量

＊1 白巧克力與可可粉以 3:2 比例作混合。

＊2 糖漿 (波美度 30)70g 與櫻桃酒 20g 進行混合。

＊3 材料、份量、作法請參照「南洋風味薩瓦蘭蛋糕」(P.36)
的「椰子慕斯」裡使用到的義式蛋白霜。

[結構圖]

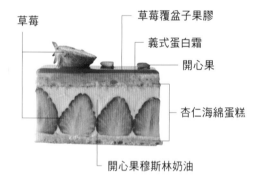

草莓

草莓覆盆子果膠

義式蛋白霜

開心果

杏仁海綿蛋糕

開心果穆斯林奶油

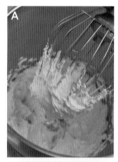

[作法]

開心果穆斯林奶油

1 將法式奶油霜倒入攪拌缸內，用網狀攪拌器攪拌使其　A
重新打發。

2 於料理缽中倒入開心果醬與卡士達醬開火加熱，約加　B
熱至 20℃左右。

3 於步驟 **1** 內倒入步驟 **2** 材料，用網狀攪拌器攪拌至整　C~D
體混合均勻為止。

草莓覆盆子果膠

1 於料理缽內倒入材料並混合攪拌，並開啟爐火加熱。　　A~B
放置冰箱冷藏一晚備用，使用前須再重新加熱。⇨ Point ❶

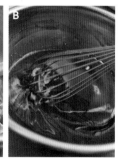

Point --

❶　將材料混合並加熱後直接使用亦可，但經冷藏放置
一晚再重新加熱使用的話，可以增加黏度，變得更好使用。

材料組合・裝飾

1 於鋪有烘焙紙的木板上擺放 2 片杏仁海綿蛋糕，其中 1 片的烘烤面用毛刷薄薄地刷上一層巧克力噴霧粉，接著放到冰箱冷藏凝固。⇨Point ❶

2 將步驟 **1** 的 2 片杏仁海綿蛋糕放在 57x37cm 長方形烤盤內側。此時，將塗有巧克力噴霧粉的杏仁海綿蛋糕 (蛋糕 a) 以塗有巧克力噴霧粉那面朝下擺放，另 1 片杏仁海綿蛋糕 (蛋糕 b) 則以烘烤面朝下擺放，各自都沿著長方形烤盤的內側排列擺放。

3 於蛋糕 a 用毛刷塗上酒糖液。

4 將開心果穆斯林奶油裝入口徑 1.65cm 的圓形花嘴擠花袋內，於步驟 **3** 材料上毫無間隙地擠上 4 條奶油餡。

5 於穆斯林奶油餡上，每一條上將 12 顆草莓以相等間距方式稍微陷入般地擺列上去。⇨Point ❷

6 為了將草莓間隙填補起來，將穆斯林奶油擠上 の字型。

7 配合長方形烤盤高度用刮刀將表面抹平。

8 將蛋糕 b 以烘烤面朝下方式疊放在步驟 **7** 上，並將側邊溢出的奶油抹平。蛋糕上方再塗上酒糖液。

9 用保鮮膜將其覆蓋後放上木板，從上方用手按壓使其緊密貼合，接著再放到冰箱冷藏。

10 卸下木板與保鮮膜，塗上義式蛋白霜後再抹平表面，接著將表面用噴槍稍微烤過。

11 淋上草莓覆盆子果膠並抹平，放到冰箱冷藏凝固。

12 卸下長方形烤盤，將四周切下薄薄地一層後再切成 9x3cm 塊狀大小。

13 將切對半的草莓塗上鏡面果膠後，連同開心果一起裝飾在蛋糕上。

Point

❶ 飽含酒糖液的蛋糕基底容易鬆垮變形，且不易將烘焙紙撕除，因此組合材料時在底部塗上一層巧克力噴霧粉並將其冷藏凝固後，蛋糕基底就不易鬆散變形了。

❷ 為了可以做出漂亮精緻的蛋糕，草莓一定要仔細挑選並特別篩選尺寸大小一樣的。

A

E

B

F

C
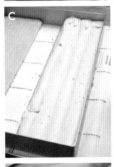

G

D

H

A

B

C

D

E

F

G

H

春
le printemps

夏
l'été

秋
l'automne

冬
l'hiver

120

以大眾熟悉的、清爽的甜點為主軸，展開一系列的甜點展示

生菓子的品項配置

關於店內的生菓子，小蛋糕大約準備 30 種品項，法式甜點則準備 10 多種品項。

包含修業時代，在我獨立創業以前主要都是偏好於法式甜點。然而，現今則是意識到要活用法式甜點的製作技法，製作出大家熟悉親切的甜點。當然也會擺放基本經典的法式甜點，但會小心注意不要太過於強調凸顯，須取得良好平衡。或許是想法變得比較彈性，畢竟本店不是稱為「法式甜點店」，而是稱為「洋菓子店」。

舉例來說，厚實的甜點與清爽的甜點比例，在以前店家設定為 8:2，但現在店內則為 5:5。甜點菜單上並無太大變化，只是將與水果蛋糕並列的品項作個調整，或是做出各種顏色組合搭配讓整體上得以呈現出清爽的印象。

在思考「讓人覺得親切熟悉的甜點」時，較容易設定為基礎的品項是聖多諾黑泡芙或閃電泡芙、薩瓦蘭蛋糕等一般所謂的基本款甜點，最重要的是要如何將這些轉換成帶有自我風格並可完美呈現的蛋糕。即使自己喜愛的是法式甜點，只要為了能讓顧客開心的商品，為了吸引顧客視線駐足而多安排一些小巧思，我覺得這也是很重要的一個想法。而且，很多基本招牌甜點都是很簡單的款式，經典的甜點品項想要呈現與其他甜點店家的差異是有點難度的呢。像是做出華麗的視覺效果，或是讓顧客驚艷的素材搭配等等，正因為是基本招牌甜點，更想完美呈現出只有在本店才能感受到的獨特魅力。

商品的價格設定

開發甜點時，首先必須先決定想要呈現的風味，而不是從「價格要落在這個區間」開始發想。無任何侷限、盡可能地自由發揮想像為基礎，進而創造出獨特商品。之後再一個個計算原價成本，依據生菓子利潤 25%、烤菓子利潤 20% 為基準來訂定販售價格。

一顆巧克力球裡承載著宛如生菓子般的世界觀

巧克力球是自開店以來想要導入的品項，但因為甜點店剛開幕可以做的事十分有限，這是我首次獨立創業開店，且光是提供生菓子與烤菓子每天就已經相當忙碌。比方說，我想製作怎樣的甜點，這個地方的顧客想要什麼甜點，工作人員該如何教育等，需要思考研究的事情堆積如山。從開業以來經過了 2 年，營運終於漸入軌道，也讓顧客們了解認識我的甜點，因此作為下一階段的發展，萌生了「今年冬天就開始嘗試推出巧克力球吧！」的想法，於是在 2017 年 10 月購入了巧克力調溫注模機。

近幾年巧克力球的樣式變得十分多樣。每個甜點師傅都有各自的樣式風格，再加上自己獨特的創意表現方式更是千變萬化。我的目標是想要創造出可將生菓子精髓濃縮在小小一顆巧克力球內。組成的材料或許比生菓子還要少，但還是盡可能地包覆多種素材，讓這些素材在口中混合溶解幻化為一體，我正在創作的就是像這樣的巧克力球。作為甘那許巧克力風味的添加，或是作為果凍等素材，有很多都會加進水果風味，這與我的生菓子創作理念是很類似的。

如今業界裡開始講究巧克力產地，掀起挑戰 Bean to Bar 的風潮，出現了各式各樣的呈現方式與製作手法。對於我來說需要思考的是，該如何運用各種水果，應如何搭配不同質感或風味的素材融合出一體感，以接近生菓子的製作方式，在巧克力球製作上也能表現出自我獨特性。

※ 藍字表示商品名稱，黑字表示內部材料構成

① 蜂蜜薑汁巧克力

· 蜂蜜與薑汁甘那許巧克力

② 百香果橙香巧克力

· 百香果與柳橙果凍
· 百香果與柳橙甘那許巧克力

③ 椰香泰莓巧克力

· 泰莓果凍
· 椰子甘那許巧克力

④ 檸香覆盆子巧克力

· 覆盆子果凍
· 萊姆甘那許巧克力

⑤ 黑醋栗酸櫻桃巧克力

· 酸櫻桃果凍
· 黑醋栗甘那許巧克力

⑥ 荔枝玫瑰紅果巧克力

· 紅色果實果凍
· 荔枝玫瑰甘那許巧克力

⑦ 焦糖鹽味巧克力

· 鹽味焦糖

⑧ 杏桃柚香巧克力

· 葡萄柚果凍
· 杏桃甘那許巧克力

基本部份

蛋糕體
奶油
果醬 & 柑橘醬

[材料]

蜂蜜糖漿
《容易製作的份量》
水……193g
上白糖……100g
水飴……50g
蜂蜜……75g

經典海綿蛋糕 (全蛋法)
《直徑 15 x 高度 6 cm 的海綿蛋糕模型 9 顆份》
全蛋……750g
蛋黃……105g
上白糖……760g
蜂蜜糖漿……作法如上記，158g
香草精……3g
奶油……126g
低筋麵粉……580g

經典海綿蛋糕 (全蛋法)
Pâte à génoise

口感爽口，軟綿細緻的蛋糕體，
運用蜂蜜與雞蛋做出柔和風味。

[作法]

蜂蜜糖漿

1 將所有材料放入鍋中進行加熱。待煮沸後關火，將漂 A~B
浮於表面的雜質撈除。待熱度散發冷卻後放入冰箱進行
保存。

經典海綿蛋糕（全蛋法）

1 於料理缽中放入全蛋與蛋黃進行攪拌，將上白 A
糖分成三回一邊加入，一邊攪拌均勻。

2 將步驟 **1** 一邊加熱一邊攪拌，加熱至 45℃。 B

3 將步驟 **2** 用濾網過濾，並倒入攪拌缸中，放到 C~D
直立式攪拌機上，用塑膠袋將整台攪拌機罩住，用
網狀攪拌器進行高速攪拌。⇨Point **1**

4 將步驟 **3** 極力攪拌打發，待溫度變成 32℃便將 E
塑膠袋拆除，將攪拌機速度切換成中速，並持續攪
拌 5~6 分鐘。需趁熱直接進行至步驟 **6**。若是冷卻
後才進行到步驟 **6** 就會變得不好攪拌。

5 於鍋中倒入蜂蜜糖漿、香草精、奶油，打開爐
火加熱至 60℃。

6 於步驟 **4** 食材內加入低筋麵粉，用手進行混合 F~H
攪拌。將部分麵糊加到步驟 **5** 的鍋中用打蛋器進行
攪拌，之後再倒入步驟 **4** 的鍋中迅速地攪拌。待
全體完全融合，麵糊拉起可呈帶狀垂墜時便攪拌完
成。⇨Point **2 3**

7 在烤模內側（底部與側邊）舖上烘焙紙，將麵 I~J
糊倒入直徑 15 x 高度 6 cm 的海綿蛋糕烤模，用雙
溫控烤箱設定上火 190℃、下火 180℃ 烘烤 32 分
鐘。烘烤完成後立即將蛋糕從烤模取出，在附有烘
焙紙的狀態下放到急速冷凍機內冷卻。⇨Point **4**

Point --

1 套上塑膠袋是為了使攪拌缸可以維持蓄熱。
讓混合材料在溫熱的狀態下極力攪拌，便容易打發
且成為具有黏性的麵糊。

2 加入低筋麵粉時，為了不讓原本的麵糊造成
太多負擔，用手迅速地攪拌混合。

3 加入低筋麵粉的麵糊若放置
一段時間後氣泡就會消失，變成
黃色鬆垮的狀態（如右照片），需
小心注意。這種狀態稱為「失敗
的麵糊」，但採用此作法很少會
做出失敗的麵糊。

4 烘烤完成的蛋糕體馬上放到急速冷凍機內冷
卻定型的話，可以保有濕潤口感。就像是將剛烘烤
出來的蛋糕，把裡面散發出來的蒸氣鎖在蛋糕體中
的概念。

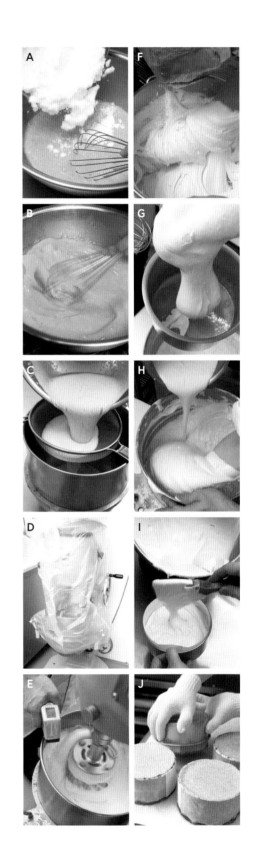

巧克力海綿蛋糕
Génoise au chocolat

後味不會殘留過於濃厚的可可風味，
而是「柔和適當」的巧克力風味。

[材料]

《直徑 15 x 高度 6 cm 的海綿蛋糕模型 15 顆份》

全蛋……1.5kg

蛋黃……120g

上白糖……1.275g

蜂蜜糖漿 (P.126)……100g

奶油……338g

低筋麵粉 *……710g

可可粉 *……186g

* 混合過篩。

[作法]

1 於料理缽中放入全蛋與蛋黃進行攪拌，將上白糖分成 A
三回一邊加入，一邊攪拌均勻。

2 將步驟 **1** 一邊加熱一邊攪拌，加熱至 45℃。 B

3 　將步驟 **2** 用濾網過濾，並倒入攪拌缸中，放到　C~D
直立式攪拌機上，用塑膠袋將整台攪拌機罩住，用
網狀攪拌器進行高速攪拌。➡ Point ❶

4 　將步驟 **3** 極力攪拌打發，待溫度變成 32℃便將　E
塑膠袋拆除，將攪拌機速度切換成中速，並持續攪
拌 5~6 分鐘。需趁熱直接進行至步驟 **6**。若是冷卻
後才進行到步驟 **6** 就會變得不好攪拌。

5 　於鍋中倒入蜂蜜糖漿、奶油，打開爐火加熱至　F
60℃。

6 　於步驟 **4** 食材內加入混合過篩的低筋麵粉與可　G~I
可粉，用手進行混合攪拌。將部分麵糊加到步驟 **5**
的鍋中用打蛋器進行攪拌，之後再倒入步驟 **4** 的鍋
中迅速地攪拌。待全體完全融合，麵糊拉起可呈帶
狀垂墜時便攪拌完成。➡ Point ❷❸

7 　在烤模內側 (底部與側邊) 鋪上烘焙紙，將麵　J~L
糊倒入直徑 15 x 高度 6 cm 的海綿蛋糕烤模，用雙
溫控烤箱設定上火 190℃、下火 180℃烘烤 32~34
分鐘。烘烤完成後立即將蛋糕從烤模取出，在附有
烘焙紙的狀態下放到急速冷凍機內冷卻。
➡ Point ❹

Point ---

❶ 　套上塑膠袋是為了使攪拌缸可以維持蓄熱。
讓混合材料在溫熱的狀態下極力攪拌，便容易打發
且成為具有黏性的麵糊。

❷ 　加入低筋麵粉時，為了不讓原本的麵糊造成
太多負擔，用手迅速地攪拌混合。

❸ 　可可粉需調配讓後味不會殘留過於濃烈的巧
克力風味，且可可粉若是過多，蛋糕體吃起來的口
感就會變成粉粉的感覺。

❹ 　烘烤完成的蛋糕體馬上放到急速冷凍機內冷
卻定型的話，可以保有濕潤口感。就像是將剛烘烤
出來的蛋糕，把裡面散發出來的蒸氣鎖在蛋糕體中
的概念。

杏仁海綿蛋糕
Génoise aux amandes

帶有奶油與杏仁的豐富香氣，
清爽的口感與在口中化開的軟綿滋味也是十分具有魅力

[材料]

《57 x 37 cm 的蛋糕烤模 2 盤份》

全蛋……540g

細砂糖……350g

杏仁粉 *……175g

低筋麵粉 *……205g

融化奶油 (50℃)……113g

* 混合過篩。

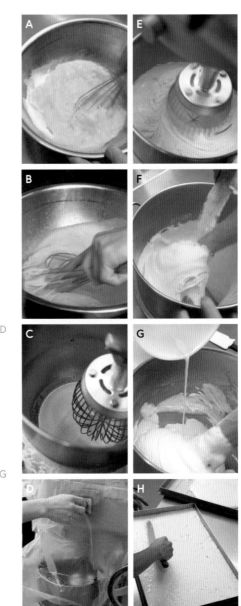

[作法]

1　於料理鉢中放入全蛋與細砂糖混合攪拌均勻。　A

2　將步驟 **1** 一邊加熱一邊攪拌，加熱至 45℃。　B

3　將步驟 **2** 用濾網過濾，倒入攪拌缸中，放到直立式攪拌　C~D
機上，用塑膠袋將整台攪拌機罩住，用網狀攪拌器進行高
速攪拌。⇨Point ❶ (詳細請參照 P.127 的 Point ❶)

4　將步驟 **3** 極力攪拌打發，待溫度變成 25~30℃便將塑膠　E
袋拆除。確實混合攪拌，待呈現黏性狀態時即可完成攪拌。
若是讓其冷卻進行下一步驟的混合時就會變得不好攪拌，
因此需迅速地進行攪拌作業。

5　於步驟 **4** 食材內加入混合過篩的低筋麵粉與杏仁粉，用　F~G
橡膠刮刀進行混合攪拌。接著加入融化奶油用手進行充分
攪拌。待全體融合攪拌均勻便攪拌完成。⇨Point ❷
(詳細請參照 P.127 的 Point ❷)

6　在鋪好烘焙紙的 2 個烤盤上放上 57 x 37 cm 的蛋糕烤　H
模，將步驟 **5** 麵糊各別倒入 650g 於蛋糕烤模後將表面抹平。

7　放入設定 185℃的旋風烤箱，中途需將烤盤前後對調位
置，合計烘烤 10 分鐘。烘烤完成後將蛋糕體從烤盤與蛋糕
烤模卸下，在附有烘焙紙的狀態下放到棚架上放置冷卻。

[材料]

《57 x 37 cm 的蛋糕烤模 2 盤份》

杏仁糖膏……150g

細砂糖……365g

全蛋……750g

可可粉 *……100g

低筋麵粉 *……250g

融化奶油 (50℃)……100g

* 混合過篩。

巧克力杏仁海綿蛋糕
Génoise aux amandes chocolat

即使搭配使用杏仁糖膏、注入糖漿，
仍然可以保有紮實口感的蛋糕體

[作法]

1 於攪拌缸中放入杏仁糖膏與細砂糖，用槳狀攪拌器進行攪 A
拌。

2 於料理缽中放入全蛋，開啟爐火一邊加熱一邊攪拌，加熱
至 40℃。關火，用濾網過濾。

3 於步驟 **1** 內慢慢少量倒入步驟 **2** 的 1/5 蛋液，一邊倒入時 B~F
一邊用槳狀攪拌器進行攪拌。接著換上網狀攪拌器，將剩餘
的步驟 **2** 蛋液慢慢地一邊倒入一邊持續攪拌。將步驟 **2** 蛋液
全數倒入後，用保鮮膜袋將整台攪拌機罩住，持續進行攪拌。
待麵糊拉起可呈帶狀垂墜時便攪拌完成。⇨ Point ➊

4 於步驟 **3** 中一邊倒入可可粉與低筋麵粉，一邊用刮刀進行 G
攪拌，接著加入融化奶油，用手持續攪拌。

5 在舖好烘焙紙的 2 個烤盤上放上 57 x 37 cm 的蛋糕烤模， H
將步驟 **4** 麵糊各別倒入 830g 於蛋糕烤模後將表面抹平。

6 放入設定 180℃ 的旋風烤箱，中途需將烤盤前後對調位
置，合計烘烤 15 分鐘。烘烤完成後將蛋糕體從烤盤與蛋糕烤
模卸下，在附有烘焙紙的狀態下放到棚架上放置冷卻。

Point --

➊ 由於杏仁糖膏不好攪拌，為了不讓其結塊，首先先用槳
狀攪拌器進行攪拌，之後再改成網狀 攪拌器進行攪拌，且將
攪拌機包上保鮮膜可以在保溫的狀態下進行攪拌，這樣可讓
材料更容易打發成為具有黏性的麵糊。

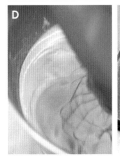

法式杏仁海綿蛋糕
Biscuit joconde

帶有彈性且清爽的口感，
可媲美濃厚的奶油富含濃厚的杏仁香氣。

[材料]

《60 x 40 cm 的烤盤 1 盤份》

全蛋……155g

轉化糖……10g

杏仁粉 *……110g

糖粉 *……90g

蛋白……96g

細砂糖……20g

低筋麵粉……30g

融化奶油 (50℃)……20g

* 混合過篩。

[作法]

1　在料理鉢中放入全蛋與轉化糖，開啟爐火一邊加熱一　A-C
邊攪拌，加熱至 40℃左右。關火，將材料用濾網過篩備
用。

2　於攪拌缸倒入混合過篩後的杏仁粉與糖粉，再倒入步　D-E
驟 **1** 材料用網狀攪拌棒進行攪拌。攪拌至出現蓬鬆鬆軟
狀態即完成攪拌。

3 在另外的攪拌缸內放入蛋白，用網狀攪拌器打 F~G
至 5 分發為止。加入細砂糖，並持續攪拌至蛋白可
堅挺站立為止。

4 將步驟 **2** 倒入料理缽中並加入步驟 **3** 材料，接 H
著倒入低筋麵粉用橡膠刮刀進行混合攪拌。

5 將步驟 **4** 材料加熱至 50℃，倒入融化奶油進行 I
攪拌。

6 在舖好矽膠烘焙墊的 60 x 40 cm 烤盤上倒入麵 J
糊，用刮刀抹平表面。⇨ Point ❶

7 放入設定 200℃ 的旋風烤箱，中途需將烤盤前
後對調位置，合計烘烤 6 分鐘。烘烤完成後將蛋糕
體從烤盤卸下，在附有矽膠烘焙墊的狀態下放到棚
架上放置冷卻。

Point --

❶ 為了使烘烤完成的蛋糕體容易從烤盤上卸下，
蛋糕體的四周需與烤盤的邊緣距離一點點間隙。將
麵糊倒入後先將表面平整，之後用大拇指與食指深
入抓住烤盤邊緣，像是要將麵糊擦掉抹去一般，在
烤盤四周滑動兩指，如此一來烤盤邊緣與麵糊四周
便可做成漂亮的溝槽間隙。此時，需將抹刀的尖端
放在姆指指甲的根
部附近，用兩根手
指滑動抹刀，一邊
將麵糊整平，一邊
做出溝槽間隙。

[材料]

《60 x 40 cm 的烤盤 1 盤份》

全蛋……120g

蛋黃……50g

杏仁粉 *……120g

糖粉 *……120g

蛋白……240g

細砂糖……144g

低筋麵粉……110g

* 混合過篩。

杏仁餅
Biscuit aux amandes

糖份含量較高，濕潤且容易在口中化開的質地

[作法]

1 在料理鉢中放入全蛋與蛋黃進行攪和，開啟爐火一邊加 　A
熱一邊攪拌，加熱至 40℃左右。關火，將材料用濾網過篩
並倒至攪拌缸內。

2 於步驟 **1** 中加入混合過篩的杏仁粉與糖粉混合攪拌，接 　B~C
著用架好網狀攪拌器的攪拌機攪拌至偏白色。

3 於其他的攪拌機中放入蛋白進行攪拌，打發至某種程度 　D
後再將細砂糖分成三次加入，每次加入均需攪拌均勻。待打
發至蛋白拉起完全可站立為止即完成攪拌。

4 於步驟 **2** 中加入部份的步驟 **3** 材料並用橡膠刮刀進行混 　E~G
合攪拌後，再倒至步驟 **3** 的鉢盆中。接著，再加入低筋麵粉
並充分地混合攪拌。

5 在舖好烘焙紙的 60 x 40 cm 烤盤上倒入麵糊，放入設定 　H
195℃的旋風烤箱，中途需將烤盤前後對調位置，合計烘烤
10 分鐘。烘烤完成後，在附有烘焙紙的狀態下放到棚架上
放置冷卻。⇨Point ❶

Point --

❶ 　本回採用糖份含量較高的配方。若是採用此種配方，即
使烘烤時間較久，麵糊內的空氣也難以跑出，所以可以烘烤
出濕潤的口感。

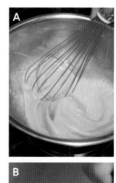

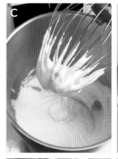

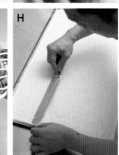

千層派皮
Pâte feuilletée

用奶油「層層堆疊」包裹住麵團，
呈現出獨特口感與奶油風味

[材料]

奶油麵團

《24 x 24 cm　1 片份》

發酵奶油……866g

高筋麵粉……345g

麵團

《24 x 24 cm　1 片份》

高筋麵粉……400g

低筋麵粉……400g

鹽之花……38g

發酵奶油 *(切成 1.5cm 塊狀)……260g

冷水……345g

醋……6g

* 冷藏狀態下直接使用。

千層派皮

《55 x 33 cm　3 片份》

奶油麵團……上述全量

麵團……上述全量

細砂糖……每 1/2 片需 30g

糖粉……每 1/2 片 適量

[作法]

奶油麵團

1　待發酵奶油回溫後放入攪拌缸，架設於裝有勾狀
攪拌棒的攪拌機內用低速進行攪拌，攪拌至軟膏狀。
⇨Point ❶

2　一邊持續攪拌一邊少量加入高筋麵粉，在途中轉　A-B
換成中速進行攪拌。待煉成一團後便完成攪拌。

3　將麵團放上舖有塑膠膜的 24x24cm 烤盤上，用　C-D
手將麵團擠壓平鋪與烤盤大小一致，厚度約 2cm。
之後，用塑膠膜包起來，卸下烤盤，放置冰箱冷藏
10 小時。⇨Point ❷

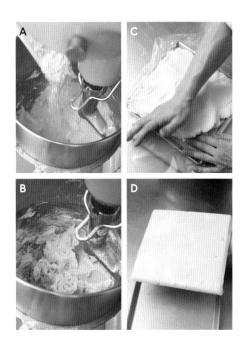

① 桌上型攪拌機亦可適用，只要使用勾狀攪拌棒，而非使用網狀攪拌棒或槳狀攪拌棒即可。

② 若是使用烤模做成較小尺寸進行保存的話，易於庫存管理且使用時不用再切割可直接延展使用，作業性更好更方便。(麵團也相同)

麵團

1 將高筋麵粉、低筋麵粉、鹽之花、切成 1.5cm 的塊狀發酵奶油放到攪拌缸內，用裝設好勾狀攪拌器的直立式攪拌機進行攪拌，攪拌至奶油呈現細緻質地，整體變成帶些微黃色的麵團。

2 料理缽中放入冷水與醋進行混合攪拌，接著倒入步驟 **1** 中一邊加入一邊進行攪拌。待麵團煉成塊狀，從缽盆底部可以漂亮地分離便完成攪拌。 A–B

⇨ Point ①

3 移放到工作檯上輕柔地將麵團整型，用刀子劃十字，放到鋪有塑膠膜的 24x24cm 的烤盤上，從十字劃開處用手攤開展開麵團，使麵團與烤模緊密貼合並將表面整平。厚度約 2cm。用塑膠膜包起來，卸下烤盤，放置冰箱冷藏 10 小時。 C–D

Point --

① 搭配使用醋是為了不讓筋性出來太多(降低起筋作用)。若帶有太多筋性，會變成容易收縮的麵團。

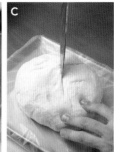
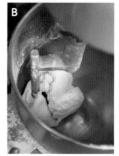

千層派皮

1 將奶油麵團灑上麵粉(份量外，以下皆同)，用製麵機壓擀麵團至 1cm 厚。接著，將奶油麵團旋轉 90 度後再次通過製麵機，壓擀成 38 x 38 x 厚度 0.7cm。

2 將麵團灑上麵粉，用製麵機壓擀成 28 x 28 x 厚度 1.5cm 的麵團。

3 將步驟 **2** 麵團轉成 45 度角方向放置在步驟 **1** 奶油麵團上，用步驟 **1** 奶油麵團包裹住步驟 **2** 麵團，包裹起來的接縫處再用手指用力壓緊使其確實黏合。⇨ Point ① A–B

4 將步驟 **3** 麵團用製麵機壓成厚度約 1cm 左右。若是麵團偏軟，不好進行壓擀作業的話，可暫時放到冰箱冷藏即可。 C

5 將麵團摺四層後蓋上塑膠膜，放到冰箱冷藏靜置 8 小時。 D

6 將步驟 **5** 麵團的摺疊處朝向前後擺放，灑上麵粉，再 E-F
次用製麵機將其壓擀成厚度約 1cm 左右。切除兩端 ，讓
麵團的分層可以明顯看出，並再次摺疊四褶。此時，將剛
才切下的兩端餘料放在摺線或麵團邊緣一起摺進去的話就
不會浪費。

7 利用製麵機持續將麵團整型，做出厚度約 2.5cm 左右
即可。蓋上塑膠膜放到冰箱冷藏 8 小時。

8 將步驟 **7** 麵團的摺疊處朝向前後擺放，用製麵機將其
壓擀成厚度約 1cm 左右。

9 切除兩端 ，輕輕摺疊做出摺線後，再摺三褶。此時， G
將剛才切下的兩端餘料放在摺疊處或麵團邊緣一起摺進去
的話就不會浪費。包上塑膠膜放到冰箱冷藏 8 小時。

10 將步驟 **9** 的摺疊處朝向左右擺放，用製麵機壓擀麵團
使其在步驟 **11** 將麵團方向轉 90 度時剛好符合製麵機的寬
度尺寸 (55cm)。

11 將麵團方向轉 90 度，灑上麵粉，將麵團擀成厚度 H
0.3cm 左右。

12 用擀麵棒將麵團捲起，在灑有麵粉的工作檯上攤開麵 I
團。

13 將麵團的前方與後方用手輕輕地再拉長一些，此拉伸 J
動作需從左至右均需拉長。⇨Point ❷

14 在麵團上扎上小孔，將端邊切除，並切成寬 33cm 大 K
小的片狀，約可切分成 3 片 55 x 33cm 的片狀麵團。

15 用擀麵棍捲起麵團，攤開在舖有烘焙紙的烤盤上，移 L
放到冷凍庫，待某種程度固化後再包上塑膠膜，再次放到
冷凍庫保存。

16 將步驟 **15** 切成一半，灑上細砂糖，用手指塗抹至表 M
面全部，放到舖好烘焙紙的烤盤上。

17 放入設定為 160℃的旋風烤箱，於烘烤途中需取出將
烤盤作前後位置調換，合計烘烤 40 分鐘。

18 將烤好的派皮翻面，將糖粉用濾茶網過篩灑在表面 N
上，再次放入設定為 200℃的旋風烤箱烘烤 10 分鐘，烘烤
完成後直接放到棚架上冷卻。

Point --

❶ 在此所介紹的是用奶油麵團 (或奶油) 將麵團包裹起
來，反疊包覆 (inversé) 的方式。此種作法的千層派皮不僅
有酥脆口感，還帶有適當的濕潤感，所以十分適合用來製
作生菓子。另一方面，用麵團將奶油麵團 (奶油) 包裹起
來的一般作法 (ordinaire) 所做出的千層派皮因為麵粉感比
較強烈，所以適合用在維也納甜酥麵包 (Viennoiserie) 或
塔類糕點。

❷ 完成反覆摺疊再次延展開來的麵團，再次用手輕輕地
拉伸一下麵團的話，在烘烤時就不易縮回去。

[材料]

《容易製作的份量》

全蛋……80g

奶油 (切成 1.5cm 塊狀)……200g

低筋麵粉……165g

高筋麵粉……165g

糖粉……125g

杏仁粉……40g

鹽……1.2g

香草粉 *……0.3g

* 使用完香草籽的香草莢清洗乾淨後曬乾，用研磨機磨碎的粉末。

法式杏仁奶油餡 Frangipane cream(P.149)

　……430g

　/ 直徑 21cm 的菊花派盤 1 個份

法式甜塔皮
Pâte sucrée

與蛋奶醬取得完美平衡的溫和風味，
用鹽巴來提味。

[作法]

1　在料理缽中放入全蛋進行攪拌，再用冰鎮過的濾 **A**
網進行過篩。

2　於攪拌缸中倒入切成 1.5cm 的塊狀奶油、低筋麵 **B**
粉、高筋麵粉、糖粉、杏仁粉、鹽、香草粉，用槳狀
攪拌棒進行低速攪拌。⇨ Point ❶ ❷

3 當奶油變得細緻，整體呈現黃色泥之後，將步 C~D
驟 **1** 材料一口氣倒入攪拌。攪拌至無粉狀顆粒為止
即可完成。

4 將步驟 **3** 材料放到鋪有塑膠膜的小型烤盤上， E
一邊用手壓碾麵團，一邊整型成四方形後用塑膠膜
將其包起來，放置到冰箱冷藏一晚。

5 用製麵機將麵團壓擀成 3mm 厚度後，再用直 F
徑 27cm 的圓形烤模壓出圓形麵團。

6 將步驟 **5** 鋪放在直徑 21cm 的菊花派盤中。首 G~K
先，先將步驟 **5** 麵團鋪放在烤模上，用手指從上方
將麵團壓進烤模底部的邊緣，讓麵團與烤模緊密貼
合。一邊旋轉烤模一邊將麵團壓緊至底部，剛好將
烤模旋轉一周。接著，麵團外側皺褶的部分則沿著
烤模的側邊一邊壓緊使其密合。最後剩餘的麵團則
壓放在烤模外側，從上方用擀麵棍擀過一圈將其切
除。邊緣部分則用大拇指按壓作整型。

7 鋪上烘焙紙，取代重石改用米將內部空間填 L
滿。放到烤盤上，用設定好 160℃ 的旋風烤箱烘烤
25 分鐘 (空烤)。⇨ Point ❸

8 卸除重石 (米) 與烘焙紙，放入法式杏仁奶油 M~N
餡再用 160℃ 烘烤 40 分鐘。烘烤完成後放到架上
冷卻，待完全冷卻後再從烤模卸下。

※ 使用長邊 10x 短邊 4.4 cm 船型模的派皮填裝方式、燒成方法等請
參考 P.54。

Point --

❶ 杏仁粉並非使用風味濃厚的 marcona 杏仁，
而是採用杏仁風味在後味上較為溫和的 Carmel 杏
仁所製成的。

❷ 加入鹽巴，用淡淡的鹽味來作提味。

❸ 進行空烤時，用米來替代重石填裝。米除了
可以吸取多餘的油分外，萬一不小心吃到也是安全
的。

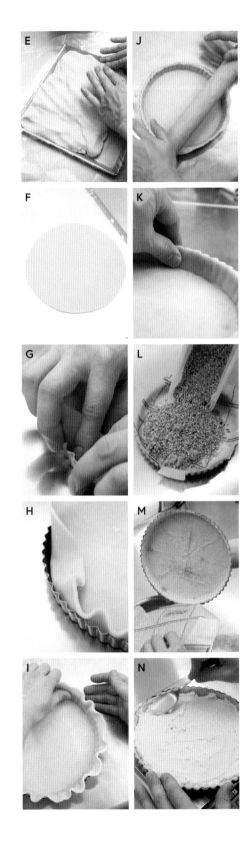

法式塔皮
Pâte à foncer

可將水果、奶油、慕斯等食材凸顯出來，
當作是器皿般不起眼的塔皮基底。

[材料]

《容易製作的份量》

低筋麵粉……500g

細砂糖……10g

鹽……10g

奶油 (切成 1.5cm 塊狀)……375g

牛奶……125g

蛋黃……20g

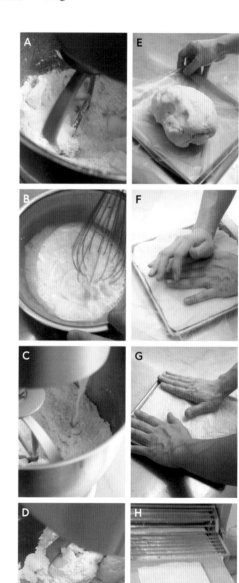

[作法]

1 於攪拌缸中倒入低筋麵粉、細砂糖、鹽、切成 A 1.5cm 的塊狀奶油，用樂狀攪拌棒進行低速混合攪拌。

2 在料理缽中倒入牛奶、蛋黃，將蛋黃打散與牛奶 B 混合攪拌。

3 待步驟 **1** 材料呈現黃色後再加入步驟 **2** 材料，需攪 C~D
拌至無粉狀顆粒、並會沾附在槳狀攪拌棒上為止。

4 將步驟 **3** 麵團用手稍微整成一團，放在舖有塑膠膜 E~F
的 24 x 24cm 烤模中間，用手將麵團壓碾至與模具大小
完全符合。

5 用塑膠膜包起來，從模具上卸下，放到冰箱冷藏 10 G
小時。⇨Point **❶**

6 於麵團上灑上麵粉 (份量外)，在製麵機上適時地轉 H~I
換方向進行麵團壓擀。

7 壓擀至厚度 3mm 時則用擀麵棍將麵皮捲起來，放 J~L
置到舖有烘焙紙的烤盤上攤開。放入冰箱冷藏。若是要
用來製作聖多諾黑泡芙 (Saint Honoré) 的基底則需要扎
些小孔後再用擀麵棍捲起再攤放到烤盤上 (如照片 L)。

8 將步驟 **7** 麵團用直徑 9.5cm 的塑型環壓出圓狀麵皮， M~O
舖放到直徑 7cm 的塑型環中。一邊旋轉著塑型環一邊
將麵皮壓緊黏貼於烤模側邊，並確實地將麵皮壓黏在烤
模底部的邊緣做出邊角。接著，放到冷凍庫內冰凍定
型。

9 於步驟 **8** 內放入小紙杯，取代重石用米將其填滿， P~Q
並擺放到烤盤上。接著，再疊放烤網與烤盤後放入烤箱
準備烘烤。⇨Point **❷ ❸**

10 使用溫度設定 160℃的旋風烤箱烘烤 40 分鐘 (空
烤)。烘烤完成後趁熱將上方的烤網與烤盤卸下，放置
到棚架上靜置冷卻。待完全冷卻後再將重石 (米) 與小
紙杯卸下。

11 用刀子沿著塑型環的邊緣將餘料切除，並將邊緣刮 R
平，最後將塑型環卸除。⇨Point **❹**

Point ------------------------------------

❶ 混合好材料的麵團整型成固定尺寸的烤模大小 (在
此使用的是 24 x 24cm 的烤模) 後再放到冰箱冷藏保存
便可較好管控材料。

❷ 進行空烤時，用米來替代重石填裝。米除了可以
吸取多餘的油分外，萬一不小心吃到也是安全的。

❸ 舖在塑型環內的麵團上方再疊放烤網與烤盤來進
行空烤，這樣可避免在烘烤過程中麵團浮起。

❹ 從塑型環溢出的麵團需在烘烤完成後將溢出的餘
料切除。保留溢出的麵團進行烘烤可以在烘烤過程中因
膨脹而將烤模邊緣牽引住，防止沿著塑型環的內側側邊
的麵團下沉。

[材料]

《57 顆份》

全蛋……500g

水……460g

高筋麵粉……900g

低筋麵粉……100g

活菌酵母……48g

細砂糖……70g

鹽……20g

奶油 (切成 2cm 左右的塊狀並回溫)……250g

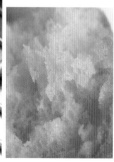

酵母蛋糕
Pâte à baba

為了使蛋糕吸附糖漿，不可讓雞蛋風味過於搶眼。
確實地揉捏麵團，做出細緻微小的氣泡。

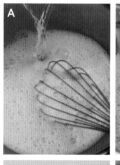

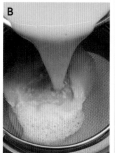

[作法]

1 在料理缽中倒入全蛋並攪拌打散，再加水混合攪 A~B
拌。用濾網過篩備用。⇨ Point ❶

2 於攪拌缸中倒入高筋麵粉、低筋麵粉、活菌酵母、 C~D
細砂糖、鹽與步驟 **1** 材料，用裝有勾狀攪拌棒的直立
式攪拌機進行混合攪拌。⇨ Point ❷

3 當麵團集結成團，可從缽盆的側邊剁下纏繞在勾狀 E~F
攪拌棒上並發出啪搭啪搭聲響時，就可將切成 2cm 大
小已經回溫的塊狀奶油倒入，並持續攪拌，待奶油融合
於麵團即可完成攪拌。⇨Point ❸

4 在直徑 5.5cm x 高度 4.5cm 的塑型環內側塗上奶油 G
(份量外)，排列在舖有烘焙紙的烤盤上。

5 將步驟 **3** 材料倒入裝有圓形花嘴的擠花袋內，於步 H
驟 **4** 的塑型環內各擠 40g。若是麵團難以切除時則使用
剪刀切除即可。

6 於表面用吹霧器噴灑少量的水 (份量外)，放在烤箱 I~J
前面等稍微溫暖地方的棚架上約 1 小時讓其發酵，照片
J 為發酵後狀態。

7 放到 175℃的旋風烤箱內烘烤 15~18 分鐘。 K

8 烘烤完成後須趁熱將塑型環卸下，放置在棚架等讓 L
其靜置冷卻。⇨ Point ❹

Point --

❶ 要吸附糖漿等做成甜點時不可讓雞蛋風味過於搶
眼，需減少雞蛋的比例。

❷ 由於製作糕點的廚房室溫都偏低，麵團較難以發
酵，因此多放些活菌酵母促進發酵。再者，高筋麵粉也
調配較多，可做出具有黏性的麵團。

❸ 酵母蛋糕一般都不太揉捏麵團，在帶有較粗氣泡
的狀態下直接進去烘烤。在此是將麵團確實揉捏，做出
較細緻微小氣泡後再進行烘烤。這樣一來，便可緊緊吸
附住糖漿等水份，與其他像是奶油等的裝飾配料融化於
口中的感覺才會變得有一致性。

❹ 做成甜點時，為了將活菌酵母的風味包覆住，只
要與味道較為強烈的食材作搭配即可。

[材料]

法式泡芙

《容易製作的份量》

水……125g

牛奶……125g

奶油……125g

鹽……2.5g

細砂糖……8g

低筋麵粉……150g

全蛋……約 300g (依麵糊的軟硬度適當調整)

酥皮 (脆皮) 麵團

《容易製作的份量》

高筋麵粉……185g

細砂糖……150g

奶油 (切成 1.5cm 塊狀)……150g

色素 (黃) *1.2……適量

*1 將色粉用 4 倍的水進行溶解。
*2 在此雖然使用黃色的色素，但顏色可依據用途隨意變換。

※ 照片為泡芙上蓋有
酥皮麵團後烘烤而成的脆皮泡芙。

法式泡芙
Pâte à choux

紮實蓬鬆、質地輕盈的口感。
以溫和的風味提升廣泛的適用性。

[作法]

法式泡芙

1 在鍋中倒入水、牛奶、奶油、鹽、細砂糖開啟爐
火進行加熱。待奶油融解並沸騰起泡後將爐火關閉，
加入低筋麵粉用打蛋器進行混合攪拌。⇨ Point ❶

2 攪拌至無粉狀顆粒後再次開啟爐火加熱並用橡膠
刮刀進行攪拌。等到全體變成糊狀，鍋底出現一層薄
膜後便可關閉爐火。⇨ Point ❷

3 將步驟 **2** 材料移到攪拌缸內，用勾狀攪拌棒攪拌
至熱氣散發為止 (大約是不會再產生蒸氣的程度)。

A
C
B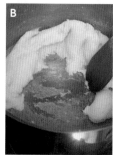
D

4 於料理缽中放入全蛋並將其攪拌打散，再用濾網過篩。

5 將步驟 **4** 約一顆蛋的份量倒入步驟 **3** 內進行攪拌。 D~G 再將剩餘的步驟 **4** 蛋液分成四次慢慢加入混合攪拌。此時需在蛋液尚未完全攪拌均勻之前持續倒入蛋液。試著用橡膠刮刀撈起麵糊，若是撈起後刮刀前端出現倒三角形的薄膜便可完成攪拌。⇨Point ❸

6 搭配用途，依據以下要領進行泡芙的成型與烘烤。

閃電泡芙 (Éclair)：在貼有烘焙紙的烤盤上用附有口徑 H 1.5cm 圓形花嘴的擠花袋擠出長約 12cm 的麵糊 (1 個 35g)。再覆蓋上酥皮麵團 (份量外) 進行烘烤。(詳細請參考 P.58、60、64、66)

聖多諾黑 (Saint-Honoré) 的小泡芙：在貼有烘焙紙的 I 烤盤上用附有口徑 1cm 圓形花嘴的擠花袋擠出小坨圓形的麵糊 (1 個 4g)。可以單以泡芙麵糊或是再覆蓋上酥皮麵團 (份量外) 進行烘烤。(詳細請參考 P.69、73)

聖多諾黑 (Saint-Honoré) 的底座環狀泡芙：法式塔皮 J (份量外 / 直徑 6 x 厚度 1.5cm/ 參照 P.140) 上用附有口徑 1cm 圓形花嘴的擠花袋擠上環狀麵糰 (1 個 12g) 後進行烘烤。(詳細請參考 P.69、73)

Point ---

❶ 暫時關閉爐火是為了不讓水分再揮發更多，穩定完成攪拌狀態的一個小技巧。

❷ 整體變成糊狀，鍋底出現薄膜，暗示著麵粉已經煮熟。若是沒有讓麵粉完全煮熟，做出有黏性的麵糊，烘烤時泡芙就無法漂亮地膨脹起來。

❸ 若是讓蛋液攪拌均勻的話，在持續攪拌的過程中就會導致分離。因此，必須在完全攪拌均勻前，趁還保有一些水份的狀態下繼續倒入蛋液。

酥皮 (脆皮) 麵團

1 在攪拌缸內倒入高筋麵粉、細砂糖、切成 1.5cm A 塊狀奶油，用勾狀攪拌棒進行低速攪拌。等奶油變得細緻，結成團狀後即可完成攪拌。

2 於步驟 **1** 內加入色素混合攪拌。 B~C

3 用於閃電泡芙的話則用擀麵棍擀成厚度 2mm 的麵 D 皮，用於聖多諾黑的話則擀成 1.5mm 的麵皮後放到冰箱冷藏備用。配合用途進行成型與烘烤。(詳細請參考 P.58、60、66、69)

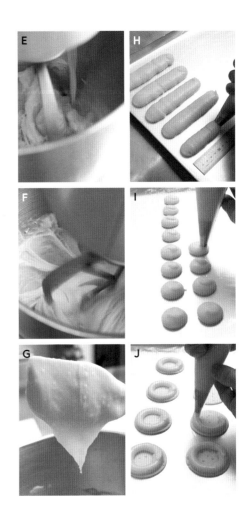

[材料]

《約 80 片份》

杏仁粉……225g

糖粉……225g

蛋白……84g

色素 (黃) *1.2……適量

義大利蛋白霜……全部

　水……84g

　細砂糖 A……225g

　乾燥蛋白……2g

　細砂糖 B……20g

　蛋白……84g

*1 將色粉用 4 倍的水進行溶解。
*2 在此雖然使用黃色的色素，但顏色可依據用途隨意變換。

法式馬卡龍
Pâte à macarons

帶有輕盈的杏仁香氣。
外表酥脆、內部濕潤具有對比的口感

[作法]

1　在紙上擺放直徑 6cm 塑型環，沿著塑型環用筆描　A
繪出圓圈。

2　在料理鉢內倒入杏仁粉與糖粉，用手從底部往上　B
混合攪拌。⇨ Point ❶

3　將步驟 **2** 材料放到較粗孔洞的篩網，用手輕壓材　C
料過篩到料理鉢中。

4　在別的料理鉢中放入蛋白與色素，讓其靜置慢慢　D
融色並回溫。

5 製作義式蛋白霜。在鍋中倒入水與細砂糖 A 並開啟爐火，加熱至 116℃。

6 將乾燥蛋白與細砂糖 B 進行混合攪拌，與蛋白一起 E-F 倒入攪拌缸內，用網狀攪拌棒進行攪拌。充分攪拌後再一邊倒入步驟 **5** 材料一邊持續攪拌。待可拉出站立的蛋白霜時便完成攪拌。攪拌完成的溫度大約在 54℃。
⇨Point ❷

7 將步驟 **6** 與步驟 **4** 材料一口氣倒入步驟 **3** 材料中， G-J 並用橡膠刮刀進行攪拌。待攪拌至無粉狀顆粒後改用刮板，從上方按壓的方式一邊去除空氣一邊攪拌。(macaronage: 麵糊硬度調整成適合製作馬卡龍的狀態) 如照片 J 變成十分具有光澤的麵糊，待呈現柔滑狀態時便完成攪拌。⇨Point ❸ ❹

8 在烤盤內舖上步驟 **1** 的紙，接著再舖上烘焙紙，用 K 附有圓型花嘴的擠花袋將步驟 **7** 材料擠出比紙上描繪的圓還小一圈的麵糊。

9 將烤盤底部輕敲稍微將麵糊整型。做此動作可讓擠 L-N 出比紙上描繪的圓還小一圈的麵糊稍微攤平，變得跟紙上的圓差不多大小。接著，直接靜置於棚架上 15~20 分鐘使其乾燥。

10 用手指稍微輕觸表面，若是手指不會沾附麵糊的話便可放入設定 150℃ 的旋風烤箱，烘烤途中需將烤盤位置前後對調，合計烘烤 16 分鐘。烘烤完成後直接放置在棚架上冷卻即可。⇨Point ❺

Point ---

❶ 關於杏仁粉與糖粉，杏仁粉的油脂讓糖粉吸附的想法下進行混合攪拌。

❷ 加入乾燥蛋白，做出扎實有光澤的蛋白霜。

❸ 需調整室溫讓製作過程中麵糊的溫度不會下降。

❹ 若是馬卡龍麵糊調整過頭，空氣去除過多的話烤出來會變成黏黏的，需小心注意。

❺ 烘烤完成的馬卡龍底部若是有些凹陷的話，那就是烘烤十分成功的證據。若底部沒有出現凹陷，很多都是空氣沒有順利去除，麵糊中出現很大的氣泡所致。

基本部份・奶油

※ 以下材料都是容易製作的份量。

卡士達醬　Crème pâtissière

[材料]

牛奶……750g　　　　　　　細砂糖……235g

鮮奶油 (乳脂肪含量 47%)……250g　　玉米粉……23g

香草莢……1 根　　　　　　卡士達粉……46g

蛋黃……240g

[作法]

1　於鍋中倒入牛奶、鮮奶油、香草籽並開啟爐火加熱。 A
即將煮沸之前用打蛋器輕微攪拌，蓋上鍋蓋，關火靜置
10 分鐘。

2　於料理缽中倒入蛋黃與細砂糖進行翻拌混合。接著加 B
入玉米粉與卡士達粉進行混合攪拌。

3　將步驟 **1** 材料一半倒入步驟 **2** 材料中混合攪拌後，再
倒回步驟 **1** 的鍋內全部再次進行混合。

4　將步驟 **3** 用濾網過篩後移放到料理缽內，並開啟爐火 C~D
加熱。此時，需用打蛋器持續不斷地攪拌，偶而轉動料理
缽，讓其均勻受熱。照片 D 為剛烹煮完成的狀態。

5　關閉爐火，將料理缽的底部浸泡在冰水中，一邊攪拌 E~F
一邊使其冷卻。接著，倒入鋪有保鮮膜的烤盤上，將四方
型的保鮮膜往內摺疊將卡士達醬包起來，放到冰箱冷藏。
⇨ Point ❶

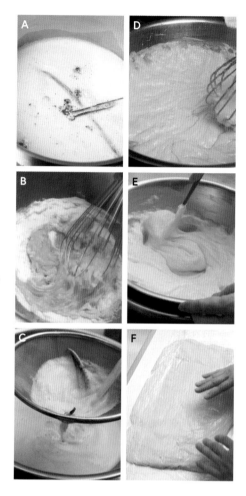

Point -------------------------------------

❶　剛煮好的卡士達醬須先暫時浸泡在冰水中冷卻。比
起馬上蓋上保鮮膜放到冰箱冷藏，先用冰水冷卻過的話，
使用前攪拌時，馬上恢復柔滑狀態的同時也比較不容易結
塊。而且，雖然直接進行冷藏可讓細菌比較難以繁殖，水
分也會揮發不會變得水水的，但是料理缽內側就會像流汗
一般不會冷卻。

香緹鮮奶油　Crème chantilly

[材料]

鮮奶油 (乳脂肪含量 47%)……400g

複合式鮮奶油……135g

香草精……3g　　蔗糖……43g

[作法]

1　於攪拌缸內倒入材料並用網狀攪拌棒攪拌至鮮奶油撈 A~B
起會確實站立為止。⇨ Point ❶

Point -------------------------------------

❶　搭配使用蔗糖可呈現出具有深度的甜味。

卡士達鮮奶油　Crème diplomate

[材料]

卡士達醬……400g

香緹鮮奶油……100g

[作法]

1　將卡士達醬輕輕攪拌開來，再與香緹鮮奶油混合攪　A~B
拌。待還未完全混合均勻時，帶有些微大理石紋路的狀態
就完成了。

杏仁奶油餡　Crème d'amandes

[材料]

奶油……250g　　全蛋……150g

糖粉……250g　　杏仁粉……250g　　玉米粉……25g

[作法]

1　將奶油用微波爐加熱使其稍微軟化。

2　將全蛋倒入料理缽中攪拌打散，並用濾網過篩。

3　在攪拌缸內放入步驟 **1** 材料，用勾狀攪拌棒進行攪拌　A~B
成柔滑的奶油狀。依序將糖粉、杏仁粉、玉米粉加入，一
邊倒入須一邊攪拌均勻。

4　將步驟 **2** 材料分成四次倒入，倒入時使用中速進行持　C~D
續攪拌。待攪拌至無粉狀顆粒，全體都混合均勻即可完成
攪拌。接著用保鮮膜包裹起來放置冰箱冷藏一晚。若是要
用來製作卡士達杏仁奶油餡則無需放置冰箱冷藏一晚可
立即使用。

卡士達杏仁奶油餡　Crème flangipane

[材料]

卡士達醬……175g

杏仁奶油餡……上述全量

萊姆酒……25g

[作法]

1　將卡士達醬輕輕攪拌。　A

2　於攪拌缸倒入杏仁奶油餡，再依序將萊姆酒與步驟 **1**　B~D
材料加入，用勾狀攪拌棒將整個材料持續攪拌均勻。用保
鮮膜包裹住放到冰箱冷藏放置一晚。⇨ Point ❶

Point --

❶　搭配使用萊姆酒增添風味。

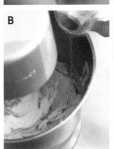

法式奶油霜 Crème au beurre

[材料]

牛奶……140g	義式蛋白霜……以下全量
蛋黃……110g	水……50g
細砂糖 A……140g	細砂糖 B……155g
奶油 (回溫)……580g	蛋白……80g
	細砂糖 C……14g

[作法]

1 在鍋中倒入牛奶，開啟爐火加熱至 40℃左右。

2 在料理缽中放入蛋黃，倒入一半的細砂糖 A 進行翻拌 **A**
混合。⇨Point **①**

3 將步驟 **1** 從爐火卸下，倒入剩下的細砂糖 A 混合攪拌。 **B**

4 將步驟 **3** 倒入步驟 **2** 內混合，並開啟爐火加熱。一邊 **C~D**
攪拌一邊加熱至 82℃左右。

5 將步驟 **4** 材料過篩至攪拌缸內，使用勾狀攪拌棒進行 **E~F**
攪拌。待變成 40℃時，將回溫的奶油慢慢加入攪拌。如
照片 F 攪拌至柔滑狀態後即完成攪拌。若有結塊，在裝
飾或裝填時再用打蛋器攪拌即可。 ⇨Point **②**

6 製作義式蛋白霜。在鍋中倒入水與細砂糖 B，開啟爐
火，加熱至 116℃。

7 於攪拌缸內倒入蛋白進行攪拌，稍微打發後再倒入細
砂糖 C，並持續攪拌。⇨Point **③**

8 再更加打發時，一邊持續攪拌一邊將步驟 **6** 材料慢慢 **G~H**
少量加入。待變成 40℃時，從攪拌機上卸下。 ⇨Point **④**

9 將部分步驟 **8** 材料倒入步驟 **5** 中混合攪拌，待混合均 **I~J**
勻後再倒入剩餘的步驟 **8** 材料，進行橫切翻拌。為了使
用時會再重新打發，此時先橫切翻拌即可。

Point

① 蛋黃中加入大量細砂糖進行混合攪拌的話，很容易
產生黃色的細小結晶。這種結晶難以溶解，若是用濾網過
篩又會讓蛋黃量減少。因此，蛋黃中細砂糖先用一半的量
進行混合，剩下的一半細砂糖再與牛奶進行混合，之後再
將兩者一起混合攪拌。

② 奶油在倒入前先用刮刀展延使其變成柔軟的狀態，
倒入攪拌時才不易結塊。

③ 比起一般的調配比例使用較多的砂糖量是為了想要
穩定氣泡。麵糊飽含空氣的話可使口感更加輕柔。

④ 義式蛋白霜用作慕斯使用時需冷藏備用，但在此不
冷藏直接使用。若是冷藏的話，煮過的奶油醬內所含的奶
油等油脂成分便會凝固，變成難以攪拌混合，容易產生攪
拌不均的現象。

基本部份・**果醬 & 柑橘醬**

※ 材料全部都是「容易製作的份量」。

[作法]

果醬 Confiture
※ 全部果醬皆共通。材料請參照下記材料欄位。

1 於鍋中倒入果泥,開啟爐火加熱。

2 待步驟 **1** 加熱至 40~50℃時,將混合調配好的細砂糖與果膠分成 3~5 回分批倒入,每次倒入後需用打蛋器混合攪拌,攪拌期間仍持續加熱。

3 煮沸後再加熱約 1 分鐘並持續攪拌。接著,關閉爐火放置冷卻後再放入冰箱冷藏。

柑橘醬 Marmelade
※ 材料請參照下記材料欄位。

1 將柳橙在帶皮的狀態下橫切成 6 等分。

2 於鍋中倒入水、一半的細砂糖,開啟爐火加熱。

3 待煮沸後倒入步驟 **1** 材料,蓋上鍋內蓋開始燉煮。

4 待柳橙皮煮到顏色通透、變軟後關閉爐火,將剩餘的細砂糖倒入混合攪拌。直接放置冷卻,並放到冰箱冷藏一晚。

5 將步驟 **4** 材料用濾網過篩瀝乾汁液,放到果汁機內攪碎至果肉細緻狀態。

[材料]

杏桃果醬
杏桃果泥……500g
檸檬果泥……24g
細砂糖……200g
果膠 (LMSN325)……8g

葡萄柚果醬
葡萄柚果泥……430g
細砂糖……170g
果膠 (LMSN325)……6g

泰莓果醬
泰莓果泥……500g
檸檬果泥……24g
細砂糖……200g
果膠 (LMSN325)……8g

黑醋栗果醬
黑醋栗果泥……420g
草莓果泥……80g
檸檬果泥……24g
細砂糖……220g
果膠 (LMSN325)……8g

檸檬果醬
檸檬果泥……524g
細砂糖……220g
果膠 (LMSN325)……8g

覆盆子果醬
覆盆子果泥……500g
檸檬果泥……24g
細砂糖……200g
果膠 (LMSN325)……8g

酸櫻桃果醬
酸櫻桃果泥……500g
檸檬果泥……24g
細砂糖……200g
果膠 (LMSN325)……8g

柳橙柑橘醬
柳橙……一顆
水……300g
細砂糖……300g

Ryoura

東京都世田谷区用賀 4-29-5
グリーンヒルズ用賀 ST 1F
☎ 03-6447-9406
http://www.ryoura.com/

主廚
菅又亮輔

1976 年於日本新潟縣出生的主廚，曾經於法國各地學習製作甜點長達三年。歸國後，先就職於「Pierre Hermé Salon de Thé」，又在「D'eux Patisserie Cafe」擔任過甜點主廚。之後，在 2015 年 10 月於東京・用賀開設甜點店「Ryoura」。

TITLE

菅又亮輔　果香滿溢的法式甜點

STAFF

出版	瑞昇文化事業股份有限公司
作者	菅又亮輔
譯者	蔡佳玲

總編輯	郭湘齡
文字編輯	徐承義　蕭妤秦　張聿雯
美術編輯	許菩真
排版	沈蔚庭
製版	明宏彩色照相製版有限公司
印刷	龍岡數位文化股份有限公司

法律顧問	立勤國際法律事務所　黃沛聲律師
戶名	瑞昇文化事業股份有限公司
劃撥帳號	19598343
地址	新北市中和區景平路464巷2弄1-4號
電話	(02)2945-3191
傳真	(02)2945-3190
網址	www.rising-books.com.tw
Mail	deepblue@rising-books.com.tw

初版日期	2020年6月
定價	520元

ORIGINAL JAPANESE EDITION STAFF

撮影	天方晴子
デザイン	飯塚文子
編集	吉田直人

國家圖書館出版品預行編目資料

菅又亮輔 果香滿溢的法式甜點 / 菅又亮輔作；蔡佳玲譯. -- 初版. -- 新北市；瑞昇文化, 2020.06
152面；19x25.7公分
ISBN 978-986-401-417-0(平裝)

1.點心食譜

427.16　　　　　　　109005816